AF194511

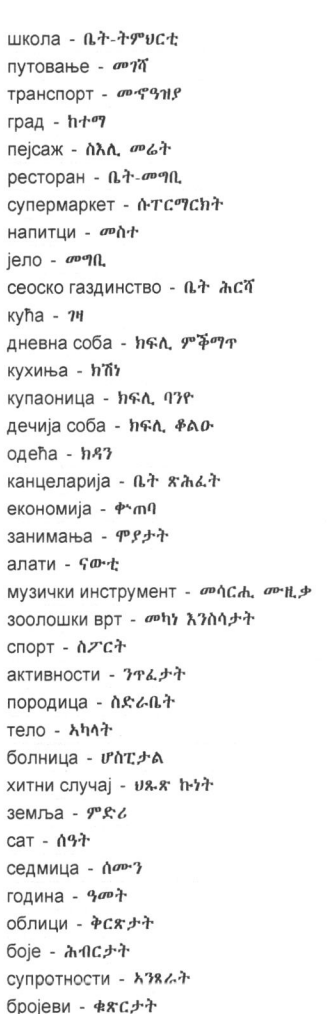

Impressum
Verlag: BABADADA GmbH, Nedderfeld 112 , 22529 Hamburg
Geschäftsführer / Verlagsleitung: Harald Hof
Druck: Books on Demand GmbH, In de Tarpen 42, 22848 Norderstedt

Imprint
Publisher: BABADADA GmbH, Nedderfeld 112 , 22529 Hamburg, Germany
Managing Director / Publishing direction: Harald Hof
Print: Books on Demand GmbH, In de Tarpen 42, 22848 Norderstedt, Germany

школа

ቤት-ትምህርቲ

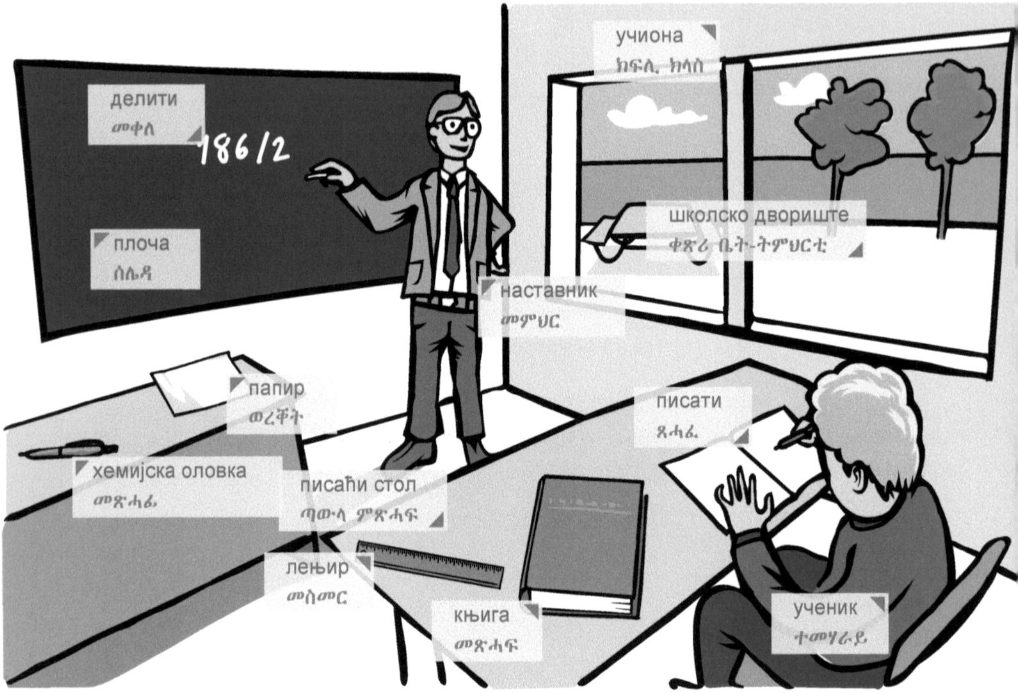

учиона
ክፍሊ ክላስ
делити
መቀለ
186/2
плоча
ሰሌዳ
школско двориште
ቀጽሪ ቤት-ትምህርቲ
наставник
መምህር
папир
ወረቐት
писати
ጸሓፈ
хемијска оловка
መጽሓፊ
писаћи стол
ጣውላ ምጽሓፍ
лењир
መስመር
књига
መጽሓፍ
ученик
ተመሃራይ

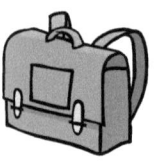

торба

ሳንጣ ትምህርቲ

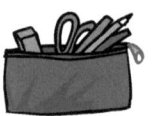

перница

ሰፈር ብርዒ

графитна оловка

ርሳስ

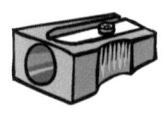

шиљило за оловке

መብልሒ ርሳስ

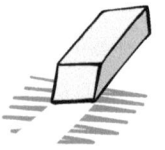

гумица за брисање

መደምሰሲ

блок за цртање

ጥራዝ ስእሊ

цртеж

ስእሊ

кист

ብርኂ ቀለም

кутија са бојама

ቦክስ ቀለም

маказе

መቐስ

лепило

መጣበቒ

бележница

ጥራዝ መላመዲ

домаћи задатак

ዕዮ ገዛ

број

ቁጽሪ

сабирати

ወሰኸ

одузимати

ነደለ

множити

ረብሐ

рачунати

ደመረ

слово

ፊደል

абецеда

ስርዓት ፊደላት

реч

ቃል

текст

ጽሑፍ

читати

አንበበ

креда

ኩርሽ

час

ሰዓት

дневник

መዝገብ ክላስ

испит

መርመራ

сведочанство

ሰርቲፊከት

школска униформа

ድቢዛ ቤትትምህርቲ

образовање

ትምህርቲ

лексикон

ለክሲኮን

универзитет

ዩኒቨርሲቲ

микроскоп

ሚክሮስኮፕ

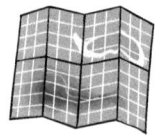

карта

ካርታ

кошара за папир

ጎሓፍ ወረቐት

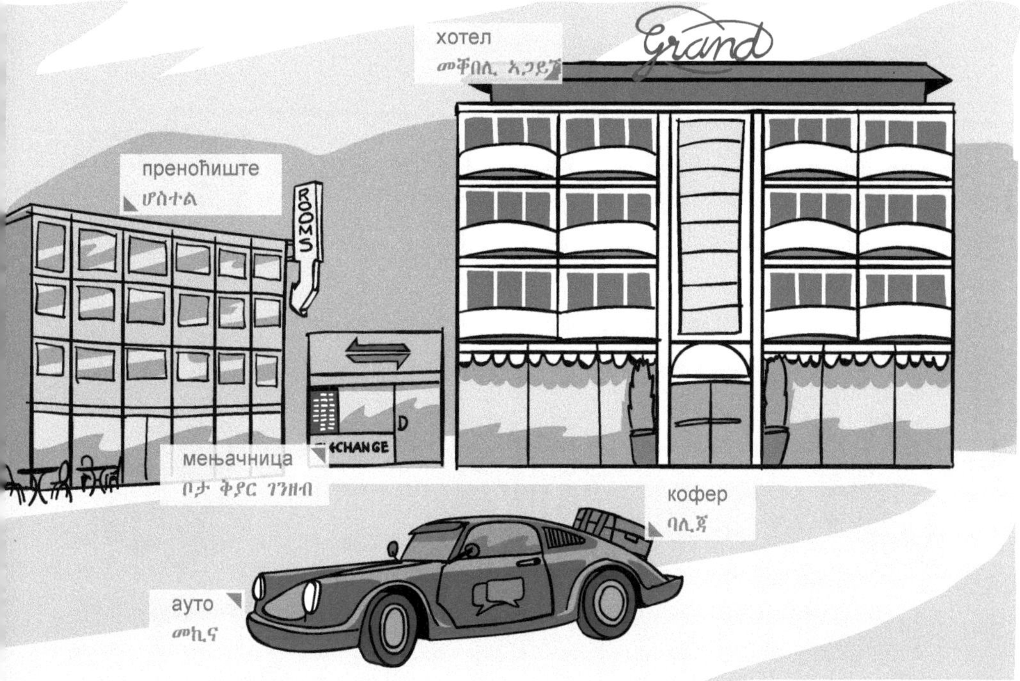

хотел
መቐበሊ ኣጋይሽ
Grand
преноћиште
ሆስተል
ROOMS
мењачница
ቦታ ቅያር ገንዘብ
кофер
ባሊጃ
ауто
መኪና

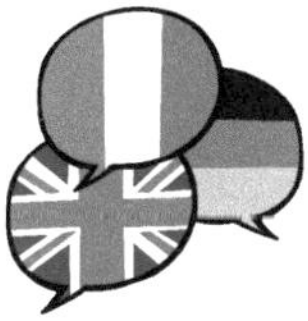

језик

ቋንቋ

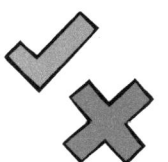

да / не

እወ / ኖ

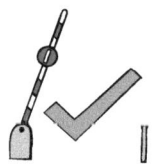

океј

ሕራይ

здраво

ሰላም

преводилац

ኣስተርጓሚ

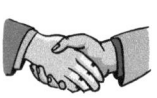

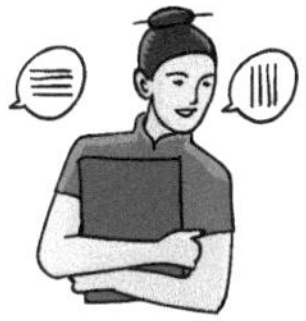

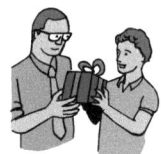

хвала

የቐንየለይ

Колико кошта...?

. . . ክንደይ ዋግኡ?

не разумем

አይተረድአኩን

проблем

ሽግር

добро вече!

ሰላም ምሸት!

Добро јутро!

ከመይ ሓዲርካ

Лаку ноћ!

ሰላም ለይቲ

довиђења

ደሓን ኩን

смер

አንፈት

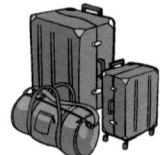

пртљага

ጉዓዝ

торба

ሳንጣ

руксак

ሳንጣ ሕቖ

гост

ጋሻ

соба

ክፍሊ

вређа за спавање

ከሻ መደቐሲ

шатор

ቴንዳ

туристичке информације

ሓበሬታ በጻሕቲ ሃገር

плажа

ገምገም ባሕሪ

кредитна картица

ክሪዲት ካርድ

доручак

ቁርሲ

ручак

ምሳሕ

вечера

ድራር

карта за вожњу

ቲከት

лифт

ሊፍት

поштанска маркица

ማሕተም ደብዳበ

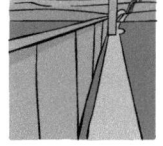

граница

ዶብ

царина

ድንና

амбасада

ኣምበሲ

виза

ቪዛ

пасош

ፓስፖርት

транспорт

መጓዓዝያ

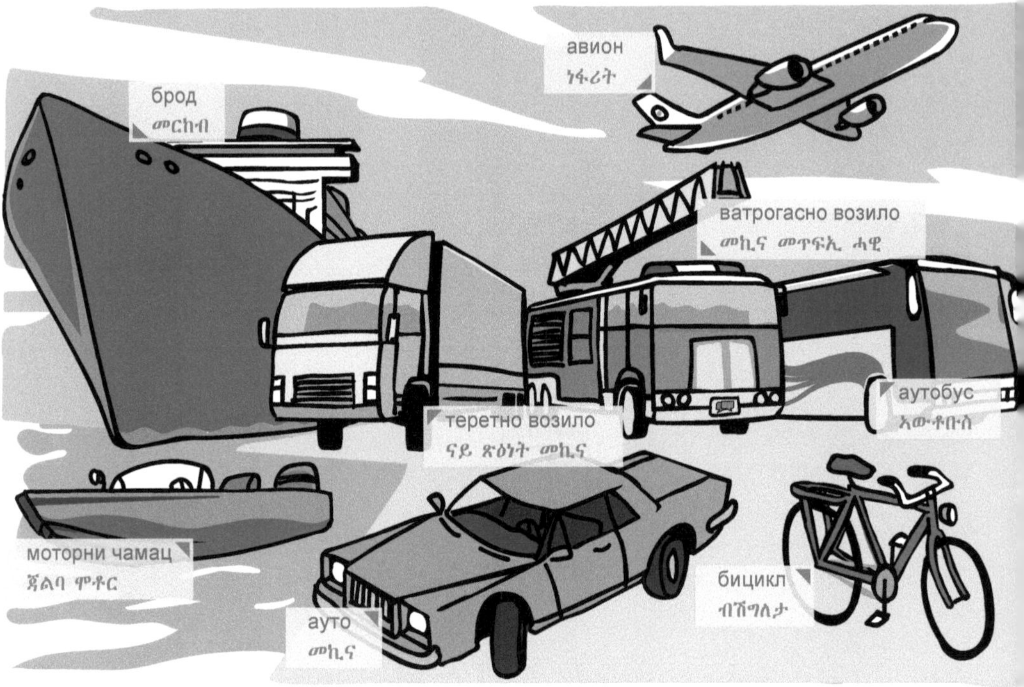

авион
ነፋሪት
брод
መርከብ
ватрогасно возило
መኪና መጥፍኢ ሓዊ
теретно возило
ናይ ጽዕነት መኪና
аутобус
ኣውቶቡስ
моторни чамац
ጀልባ ሞቶር
бицикл
ብሽግለታ
ауто
መኪና

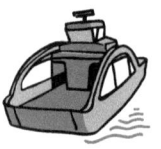

трајект

ፈሪ

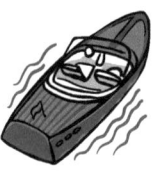

чамац

ጀልባ

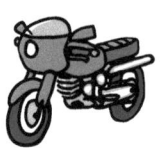

мотоцикл

ሞቶ

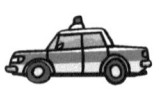

полицијски ауто

መኪና ፖሊስ

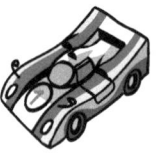

тркаћи ауто

መኪና ቅድድም

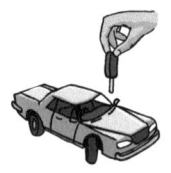

изнајмљено ауто

ክራይ መኪና

дељење аутомобила

ምውፋይ መካይን

вучно возило

መወሰዲ መኪና

возило за одвоз смећа

መኪና ጎሓፍ

мотор

ሞቶር

бензин

ነዳዲ

бензинска станица

እንዳ ነዳዲ

саобраћајни знак

ምልክት ትራፊክ

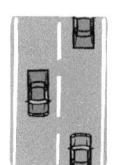

саобраћај

ትራፊክ

застој

ምጽቅጫቅ ትራፊክ

паркиралиште

መዓሸጊ መኪና

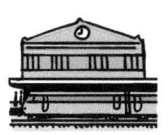

железничка станица

መዕረፊ ባቡር

шине

ሓዲግ

воз

ባቡር

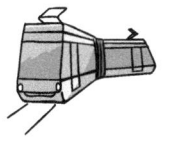

трамвај

ትረም

вагон

ባጎኒ

хеликоптер

ሃሊኮፕተር

аеродром

መዓረፈ ነፈርቲ

кула

ታወር

путник

ተጓዓዚ

контејнер

ኮንተይነር

картон

ሳንዱቕ ካርቶን

колица

ኮርሳ ጽዕነት

корпа

ዘንቢል

узлетети / слетети

ተበገሰ / ዓለበ

град

ከተማ

село

ቀሽት

центар града

ማእከል ከተማ

кућа

ገዛ

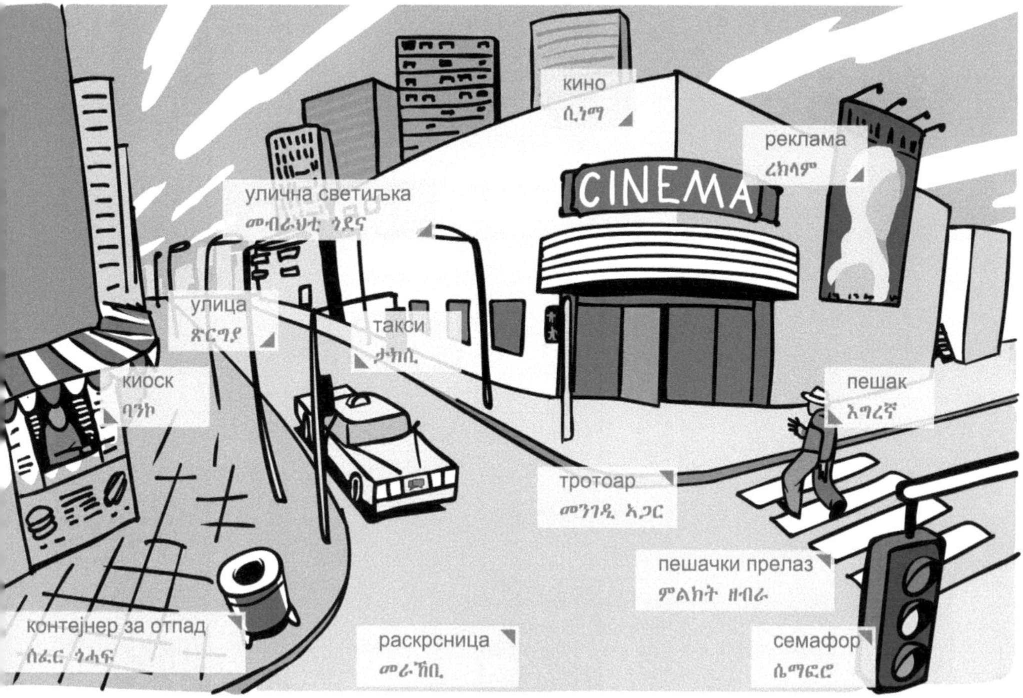

кино
ሲኔማ

реклама
ረክላም

улична светиљка
መብራሃቲ ጎደና

улица
ጽርግያ

такси
ታክሲ

киоск
ባንኮ

CINEMA

пешак
እግረኛ

тротоар
መንገዲ እጋር

пешачки прелаз
ምልክት ዘብራ

контејнер за отпад
ሰፈር ጓሓፍ

раскрсница
መራኸቢ

семафор
ሴማፎሮ

колиба

አጉዶ

стан

አፓርትመንት

железничка станица

መዕረፊ ባቡር

већница

ቤት ምምሕዳር

музеј

ቤተ መዘክር

школа

ቤት-ትምህርቲ

универзитет

ዩኒቨርሲቲ

банка

ባንክ

болница

ሆስፒታል

хотел

መቐበሊ ኣጋይሽ

апотека

ቤት መድሃኒት

канцеларија

ቤት ጽሕፈት

књижара

ዱኳን መጽሓፍቲ

продавница

ዱኳን

цвећара

ዱኳን ዕንባባ

супермаркет

ሱፐርማርከት

трг

ዕዳጋ

робна кућа

ሾጶ

рибарница

ነጋዳይ ዓሳ

трговачки центар

ሾጶ

лука

መርሳ

парк

መዘናግዒ

клупа

ባንኪ

мост

ድልድል

степенице

መደያይቦ

подземна железница

ባቡር ትሕቲ ምድሪ

тунел

ቢንቶ

аутобуска станица

መዕረፊ ኣውቶቡስ

бар

ቤት መስተ

ресторан

ቤት-መግቢ

поштанско сандуче

ሰታሪት

улични знак

ታቤላ

паркирни аутомат

ሰዓት ፓርኪንግ

зоолошки врт

መካነ እንስሳታት

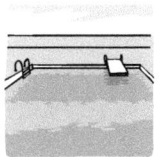

базен

መሓምበሲ

џамија

መስጊድ

сеоско газдинство

ቤት ሕርሻ

загађење околине

ብከላ

гробље

መቃብር

црква

ቤተክርስትያን

игралиште

ቦታ ምጽዋት

храм

ቤት መቕደስ

пејзаж

ስእሊ መሬት

лист
ኣቊጽልቲ

путоказ
መሕበሪ መገዲ

пут
መገዲ

ливада
ሜዳ

камен
እምኒ

дрво
ኣግራብ

шетач
ኮብላሊ

река
ፈለግ

трава
ስዓሪ

цвет
ዕንባባ

долина

ስንጭሮ

планина

ጎቦ

језеро

ቀላይ

шума

ዱር

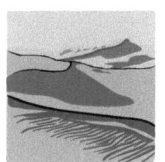

пустиња

ምድረ በዳ

вулкан

እሳተ-ነመራ

дворац

ግምቢ

дуга

ቀስተ-ደመና

гљива

ቃንጥሻ

палма

ዓርኮብኮይ

москито

ጥንጡ

мува

ሃመማ

мрав

ጻጻ

пчела

ንህቢ

паук

ሳሬት

буба

ሕንዚዝ

жаба

ዕንቅርዖብ

веверица

ም጖ጹላይ

јеж

ቅንፍዝ

зец

ማንቲላ

сова

ጉንጓ

птица

ዑፉ

лабуд

ስዋን

дивља свиња

መፍለስ

јелен

ዓጋዘን

лос

ሙስ

насип

ግድብ

ветрењача

ተርባይን ንፋስ

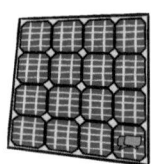

соларна плоча

ሶላር ስርሓት

клима

ኩነታት አየር

ресторан

ቤት-መግቢ

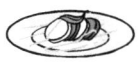

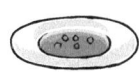

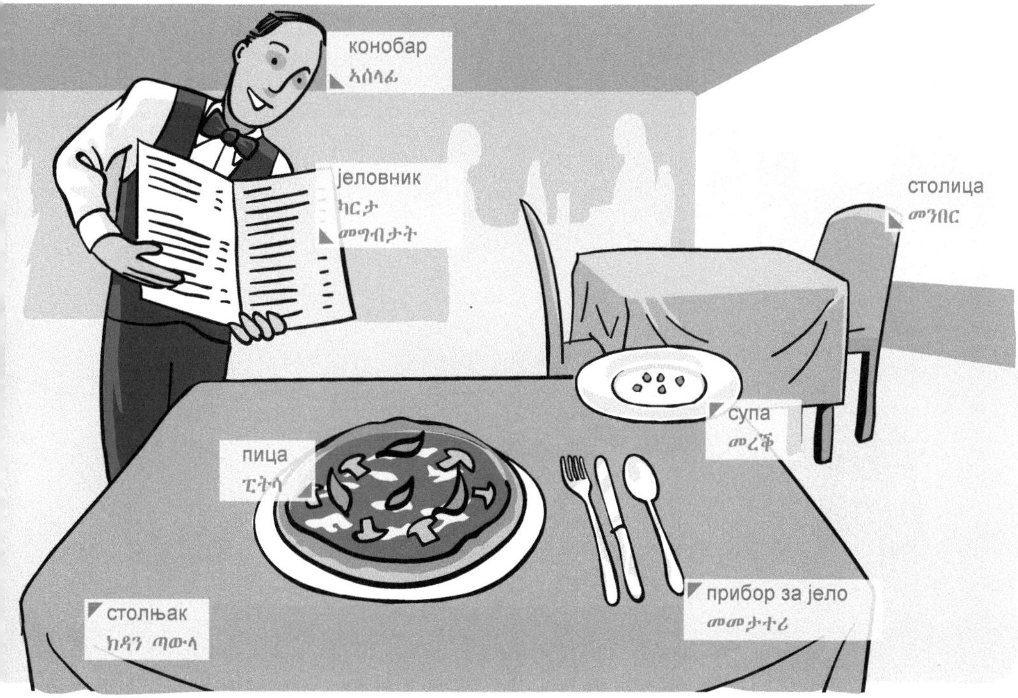
конобар
ኣሰላፊ
јеловник
ካርታ
መግብታት
столица
መንበር
супа
መረቕ
пица
ፒትሳ
прибор за јело
መመታትሪ
столњак
ክዳን ጣውላ

предјело

ቅድመ ቀንዲ መግቢ

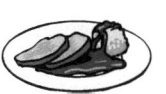

главно јело

ቀንዲ መኣዲ

десерт

ድሕረ መግቢ

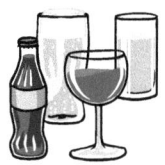

напитци

መስተ

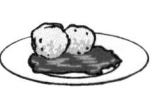

јело

መግቢ

флаша

ጥርሙዝ

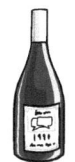

брза храна

ስሉጥ መግቢ.

имбис храна

መግቢ. ጽርግያ

чајник

ብርጭቆ ሻሂ

доза за шећер

ታኒካ ሽኮር

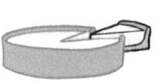

порција

ክፋል

апарат за еспресо

ማሺን ኤስፕሬሶ

висока столица

ነዊሕ መንበር

рачун

ጸብጻብ

послужавник

ታብለት

нож

ካራ

виљушка

ፋርከታ

кашика

ማንካ

чајна кашика

ማንካ ሻሂ

салвета

ሰርቭየተ

чаша

ብኬሪ

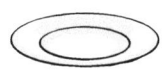

тањир

ሸሓኒ

тањир за супу

ሸሓኒ መረቕ

тањириħ

ትሕቲ ኩባያ

сос

ጸብሒ

сољенка

ወህቢ ጨው

млин за бибер

መጥሓን በርበረ

сирħе

አሾቶ

уље

ዘይቲ

зачини

ቀመም

кечап

ከቻፕ

сенф

አድሪ

мајонеза

ማዮኔዝ

супермаркет

ሱፐርማርክት

понуда
ወፈያ
FOR
купац
ዓሚል
млечни производи
ፍርያታት ጸባ
воће
ፍረታት
колица за куповину
ሰረገላ ዱኳን

BUTCHERS

месница

እንዳ ስጋ

BAKERY

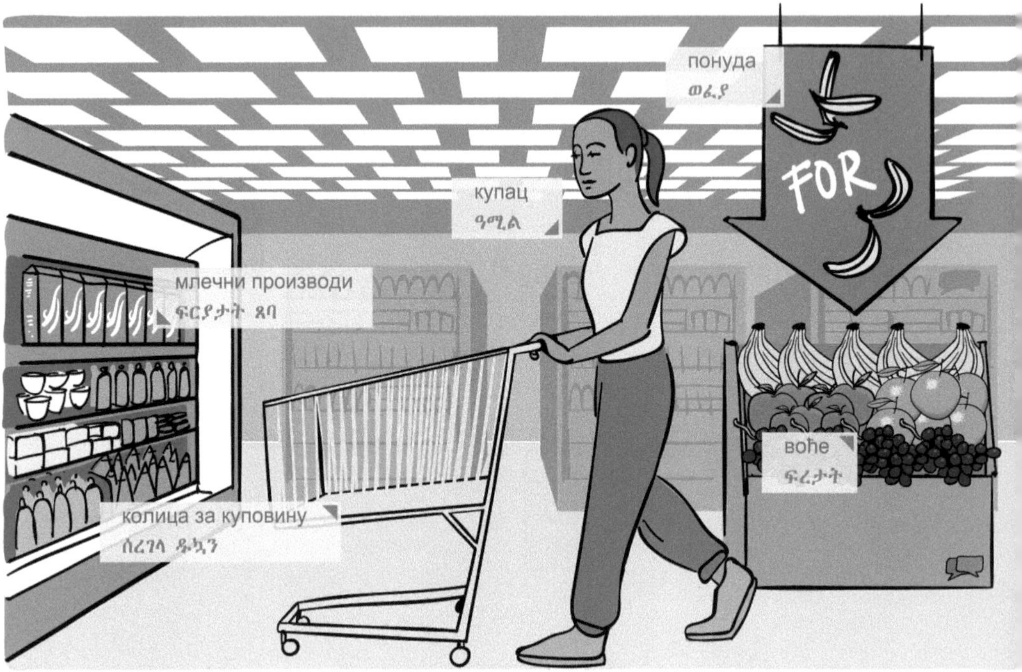

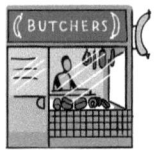

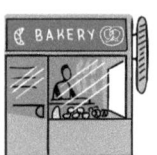

пекара

እንዳ ባኒ

вагати

ክብደት

поврће

ኣሕምልቲ

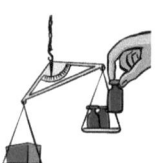

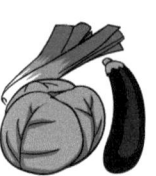

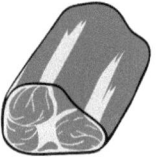

месо

ስጋ

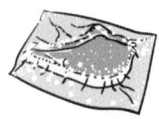

смрзнута храна

መግቢ ፍሪጅ በረድ

нарезак

ዝሑል ቅሩብ መግቢ

конзерве

እስታጣላ

средство за прање

ኦሞ

слаткиши

ምቁር መግቢ

артикли за домаћинство

ዘቤታውያን አቑሑ

средства за чишћење

ናውቲ መጽረዪ

продавачица

ሸቃጣይ

благајна

ካሳ

благајник

ተሓዝ ገንዘብ

листа за куповину

ዝርዝር ምግዛእ

време рада

ክፉት ሰዓታት

новчаник

ማሕፉዳ

кредитна картица

ክረዲት ካርድ

торба

ሳንጣ

пластична кеса

ፌስታል

вода

ማይ

сок

ጽማቍ

млеко

ጸባ

кола

ኮላ

вино

ነቢት

пиво

ቢራ

алкохол

ኣልኮል

какао

ካካው

чај

ሻሂ

кава

ቡን

еспресо

ኤስፕረሶ

капућино

ካፑቺኖ

банана

ባናና

јабука

ቱፋሕ

наранџа

አራንሺ

лубеница

ብርጭቆ

лимун

ለሚን

шаргарепа

ካሮት

бели лук

ጸዕዳ ሽጉርቲ

бамбус

ባምቡስ

лук

ሽጉርቲ

гљива

ቅንጥሻ

орашасти плодови

ፉል

резанци

ፓስታ

шпагете

ስፓጌቲ

рижа

ሩዝ

салата

ሰላጣ

помфрит

ቅልዋ ድንኾ

печени крумпир

ቅሉው ድንኾ

пица

ፒትሳ

хамбургер

ሃምቡርገር

сендвич

ሳኒኖ

шницла

ቢስተኸ

шунка

ሰለፍ ሓሰማ

салама

ሳላሚ

кобасица

ግዕዝም

кокош

ደርሆ

печење

ቀለወ

риба

ዓሳ

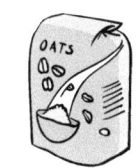

зобене пахуљице

ገዓት

мусли

ሙስሊ

кукурузне пахуљице

ኮርንፍላይክስ

брашно

ሓርጭ

кроасан

ክሮሶን

пециво

ባኒ

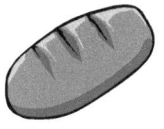

хлеб

ባኒ

тоаст

ቶስት

кекси

ብሽኰቲ

маслац

ጠስሚ

свежи сир

ርጎኦ

колач

ኬክ

jaje

እንቋቍሖ

jaje на око

ቅሉው እንቋቍሖ

сир

ፋርማጆ

сладолед

አይስ ክሪም

шећер

ሽኮር

мед

መዓር

мармелада

ጃም

нугат крема

ኑጋት-ክረም

кари

ኩሪ

сеоско газдинство

ቤት ሕርሻ

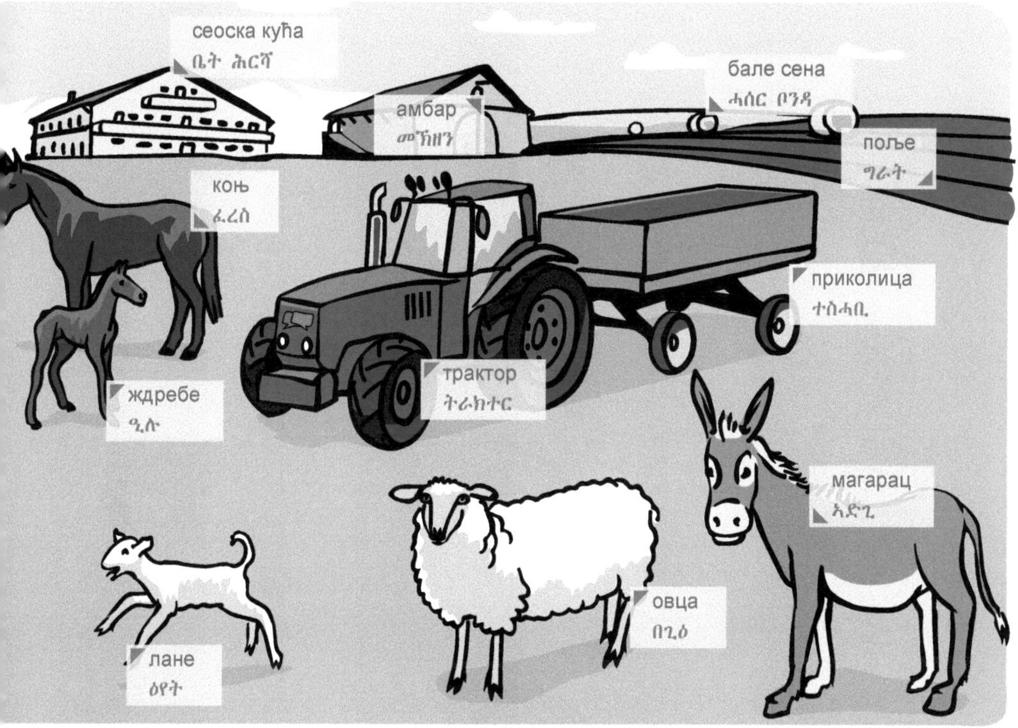

сеоска кућа
ቤት ሕርሻ
амбар
መኽዘን
бале сена
ሓሰር ቦንዳ
поље
ግራት
коњ
ፈረስ
приколица
ተስሓቢ
ждребе
ዒሉ
трактор
ትራክተር
магарац
ኣድጊ
овца
በጊዕ
лане
ዕየት

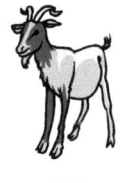

коза

ጤል

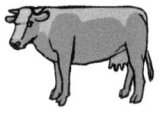

крава

ብዕራይ

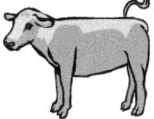

теле

ምራኽ

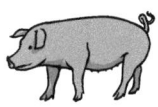

свиња

ሓሰማ

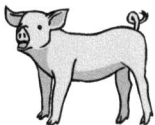

прасе

ውላድ ሓሰማ

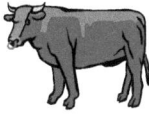

бик

ኣርሓ

гуска

ጋጋ

патка

ማይ ደርሆ

пилићи

ጫቆላት

кокош

ደርሆ

петао

ኣርሓ ደርሆ

пацов

ኣንጨዋ ዓባይ

мачка

ድሙ

миш

ኣንጭዋ

вол

ብዕራይ

пас

ከልቢ

кућица за пса

ኣጕዶ ከልቢ

вртно црево

ቱቦ ጀርዲን

канта за поливање

መዝፈፈ ማይ

коса

ዓቢ ማዕጺድ

плуг

ማሕረሻ

срп

ማዕጺ..ድ

мотика

ጭኳር

виљушка за ђубриво

መስአ

секира

ፋስ

тачке

ዓረብያ ኢ..ድ

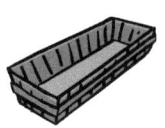

корито

ጋብላ

посуда за млеко

ብርጭቆ ጻባ

вреħа

ከሻ

ограда

ሓጹር

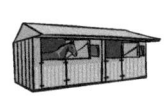

штала

መንሰስ

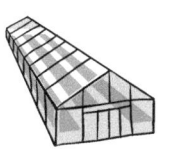

стакленик

ቾጠልያ ገዛ

земља

ባይታ

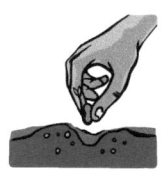

семе

ዘርኢ..

ђубриво

ድኹዒ..

комбајн

ዘጣምር ቀውዓይ

жети

ቀውሶ

жетва

ጻማ

јамс зачин

ድንሽ ያም

пшеница

ስርናይ

соја

ሶያ

крумпир

ድንሽ

кукуруз

ዕፉን

уљана репица

ራፕስ

воћка

ገረብ ፍረታት

гомољ маниоке

ማኒኦክ

житарице

አእካል

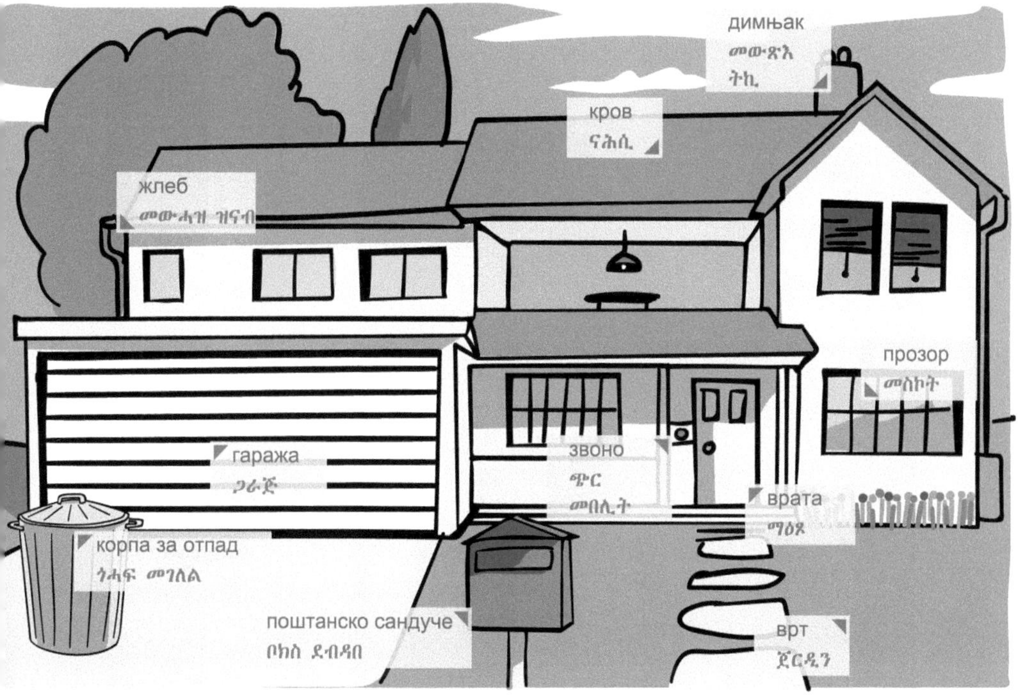

димњак
መውጽእ ትኪ

кров
ናሕሲ

жлеб
መውሓዝ ዝናብ

прозор
መስኮት

гаража
ጋራጅ

звоно
ጭር መበሊት

врата
ማዕጾ

корпа за отпад
ጓሓፍ መግለል

поштанско сандуче
ቦክስ ደብዳቤ

врт
ጀርዲን

дневна соба
ክፍሊ ምችማጥ

купаоница
ክፍሊ ባንዮ

кухиња
ክሽን

спаваћа соба
ክፍሊ መደቀሲ

дечија соба
ክፍሊ ቆልዑ

трпезарија
መመገቢ ክፍሊ

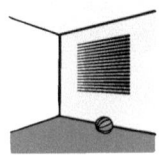

под

ባይታ

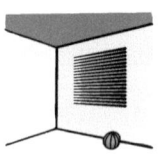

зид

መንደቅ

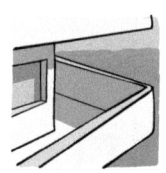

строп

ከበርታ

подрум

ካንቲና

сауна

ሳውና

балкон

ባልኮን

тераса

ዛላ

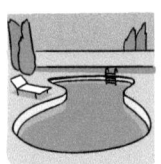

базен

መሕምበሲ

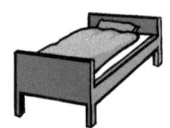

косилица за траву

መቝረጺ ሳዕሪ

постељина за кревет

አንሶላ ዓራት

дека за кревет

ከበርታ ዓራት

кревет

ዓራት

метла

መኸስተር

канта

መገለል

прекидач

መወልዒት

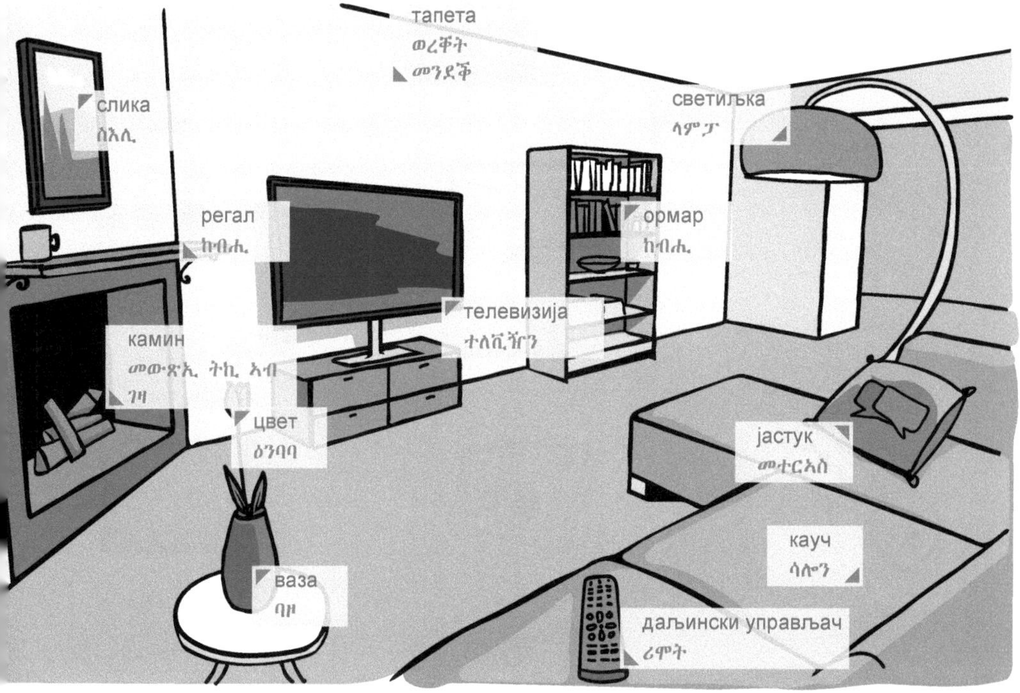

тапета
ወረቐት
መንደቕ

слика
ስእሊ

светиљка
ላምፓ

регал
ከብሒ

ормар
ከብሒ

телевизија
ተለቪዥን

камин
መውጽኢ ትኪ ኣብ
ገዛ

цвет
ዕንባባ

jастук
መተርኣስ

кауч
ሳሎን

ваза
ባዜ

даљински управљач
ሪሞት

тепих
መንጸፍ

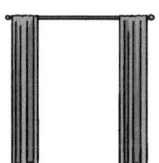

завеса
መጋረጃ

сто
ጣውላ

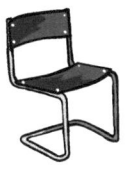

столица
መንበር

столица за њихање
ስለ ዝብል መንበር

фотеља
መንበር ምቹእ

књига

መጽሐፍ

дека

ከበርታ

декорација

ስልማት

дрво за огрев

እንጨይቲ ሓዊ

филм

ፊልም

хи-фи уређај

ስተሪዮ

кључ

መፍትሕ

новине

ጋዜጣ

слика на платну

ቅብአ

постер

ፖስተር

радио

ሬድዮ

блок за писање

ጥራዝ

усисивач

መልገሲ ደርና

кактус

በለስ

свећа

ሽምዓ

кухиња
ክሽነ

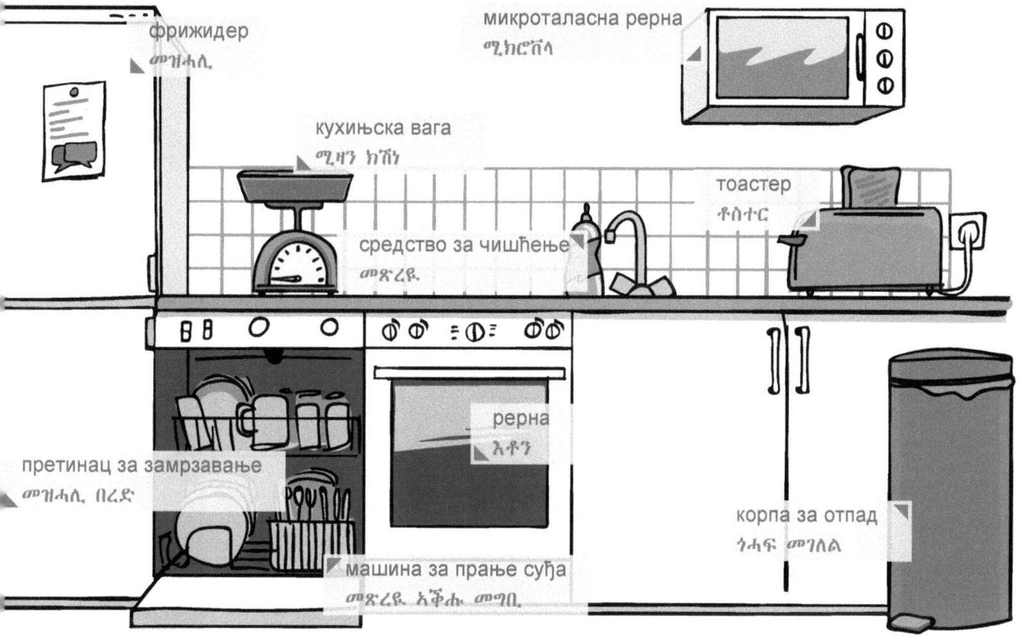
фрижидер
መዝሓሊ
микроталасна рерна
ሚክሮቨላ
кухињска вага
ሚዛን ክሽነ
тоастер
ቶስተር
средство за чишћење
መጽረዪ
рерна
እቶን
претинац за замрзавање
መዝሓሊ በረድ
корпа за отпад
ጎሓፍ መገለል
машина за прање суђа
መጽረዪ ኣቕሑ መግቢ

шпорет

መኽሽኒ

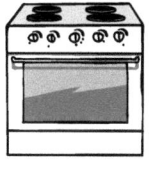

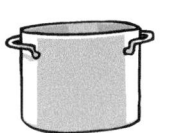

лонац

ድስቲ

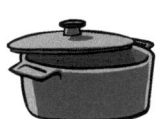

гвоздени лонац

ድስቲ ሓጺን

вок / кадаи

ቮክ/ካዳይ

тава

ባደላ

кувало за воду

መውዓዪ ማይ

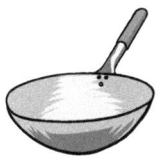

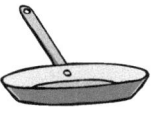

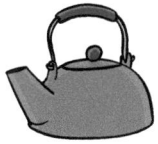

кувало на пару

መፍልሒ

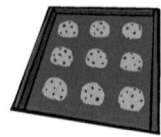

лим за печење

ጐተራ ምስንካት

посуђе

አቅሑ መግቢ

чаша

ብርጭቆ

посуда

ጭሓሎ

штапићи за јело

ማንካቼና

кутлача

ማንካ መረቕ

лопатица

መገልበጢ ባደላ

пењача

መኹስተር ውርጪ

сито за кување

መንፊት መግቢ

сито

መንፊት

рибеж

መፋሕፍሒ

мужар

ሞርታር

роштиљ

ባርቢክዩ

огњиште

ስፍራ ሓዊ

даска

እንጨይቲ ምምታር

оклагија

እንጨይቲ ኩረር

вадичеп

መኽፈት ቡሽ

конзерва

ታኒካ

отварач конзерви

መኽፈቲ ታኒካ

крпа за лонац

ጨርቂ ድስቲ

судопер

ቡምባ

четка

ኣስባስላ

сунђер

ሰፍነግ

миксер

ሓዋሲ ኣደባላጂ

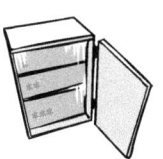

замрзивач

መዝሓሊ በረድ

флашица за бебе

ጥርሙዝ ማማይ

славина за воду

ቡምባ ማይ

купаоница

ክፍሊ ባንዮ

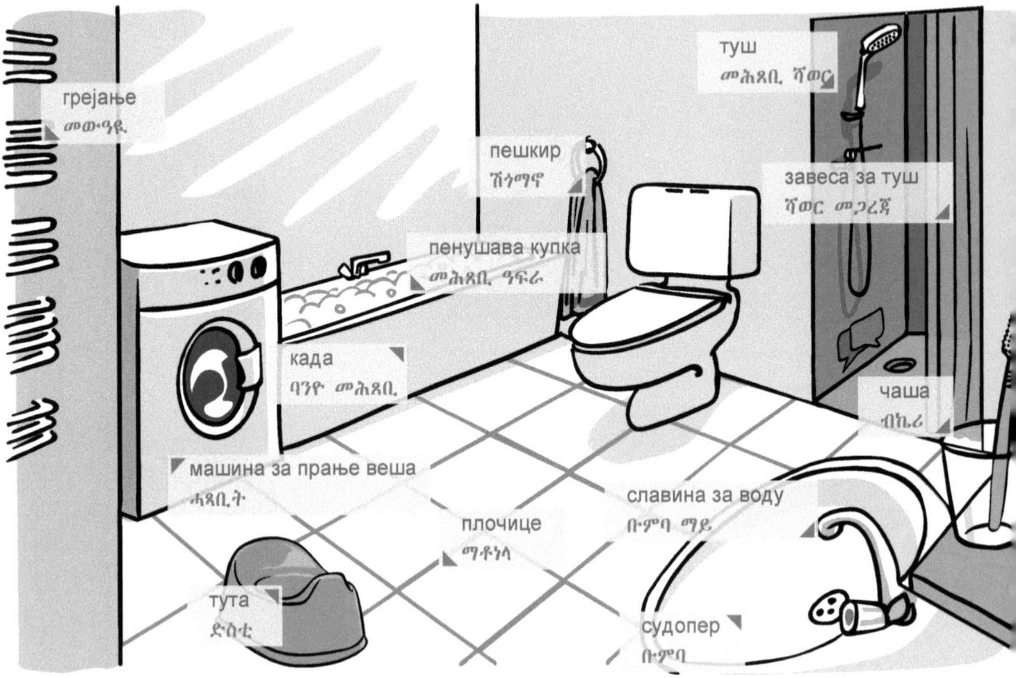

туш
መሕጸቢ ሻወር
грејање
መውዓዪ
пешкир
ሽጎማኖ
завеса за туш
ሻወር መጋረጃ
пенушава купка
መሕጸቢ ዓፍራ
када
ባንዮ መሕጸቢ
чаша
ብኬሪ
машина за прање веша
ሓጻቢት
славина за воду
ቡምባ ማይ
плочице
ማቶነላ
тута
ድስቲ
судопер
ቡምባ

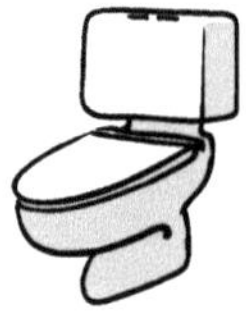

тоалет

ሽቓቕ

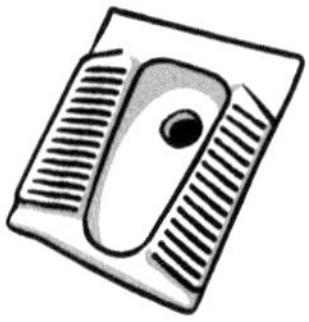

чучавац

ሽቓቕ ኮፍ

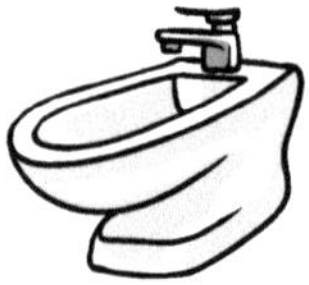

бидет

በዱ

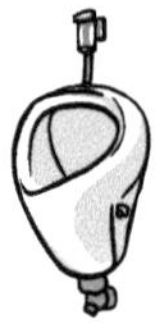

писоар

ሽቃቕ ተባዕታይ

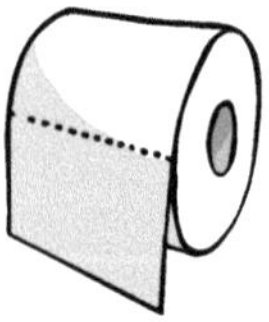

тоалетни папир

ወረቐት ሽቓቕ

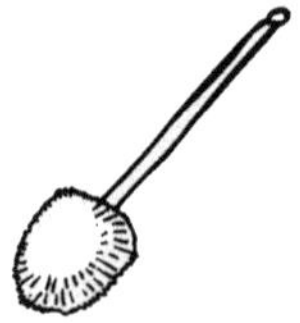

четка за тоалет

ኣስባስላ ሽቓቕ

четкица за зубе

አስባስላ ስኒ

паста за зубе

ክረማ ስኒ

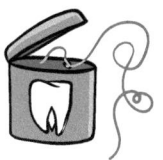

конац за зубе

ሃሪ ስኒ

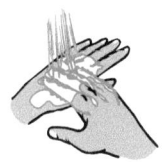

прати

ሓጸብ

туш ручица

ዱሽ ኢድ

туш за прање интимних делова

ዱሽ

лавор

ብሮጭቆ ምሕጸብ

четка за прање леђа

አስባስላ ሕቖ

сапун

ሳምና

гел за туширање

ሻወር ጀል

шампон

ሻምፑ

крпа за прање

ጨርቂ መሕጸቢ

одвод

መውሓዚ

крема

ክረማ

дезодоранс

ደዮ ጨና

огледало

መስትያት

козметичко огледало

ናይ ኢድ መስትያት

бријач

መላጸ

пена за бријање

ዓፍራ ምልጻይ

лосион за после бријања

ጨና ድሕሪ ምልጻይ

чешаљ

መመሸጥ

четка

አስባስላ

фен за косу

መንቆጂ ጸግሪ

спреј за косу

ስፕረይ ጸግሪ

шминка

መመላኽዒ

руж за усне

ብርዒ ቀለም ከንፈር

лак за нокте

አዝማልቶ

вата

ጸምሪ ጡጥ

маказе за нокте

መስደዲ ጽፍሪ

парфем

ጨና

козметичка торбица

ሳንጣ መሕጸቢ

столица

ድኳ

вага

ሚዛን

огртач

ክዳን መሕጸቢ

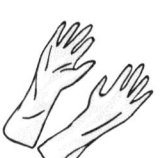

рукавице за чишћење

ጓንቲ መጽረዪ

тампон

ታምፖን

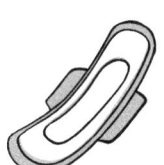

уложак

ጨርቂ ሰበይቲ

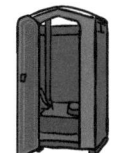

хемијски тоалет

ሽቓቕ ከሚስትሪ

дечија соба

ክፍሊ ቆልዑ

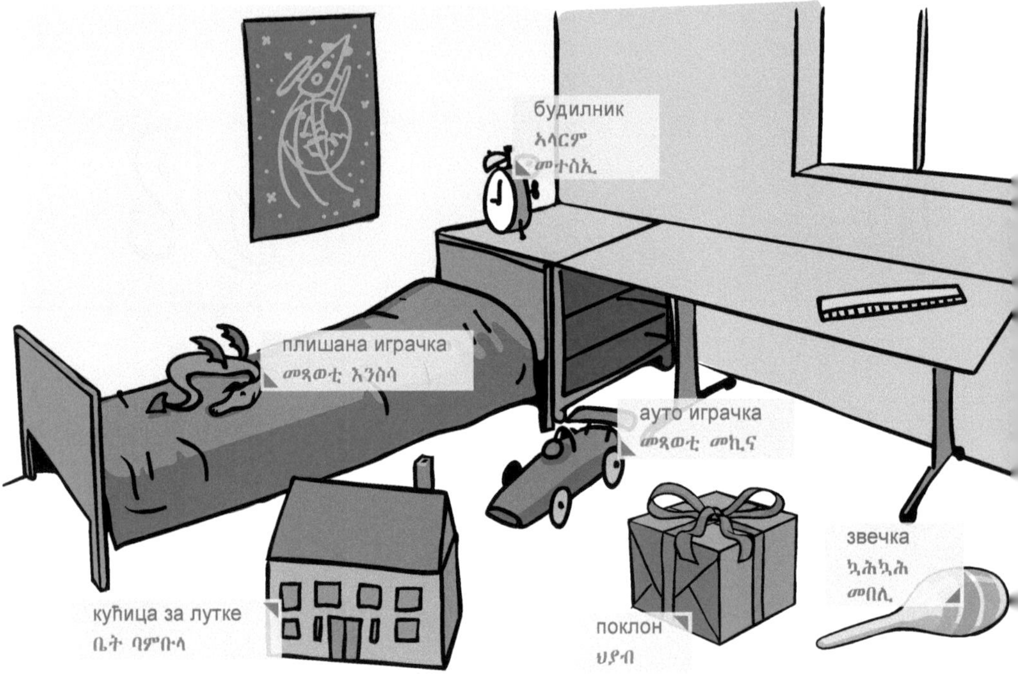
будилник
ኣላርም
መተስኢ
плишана играчка
መጻወቲ እንስሳ
ауто играчка
መጻወቲ መኪና
звечка
ኳሕኳሕ
መበሊ
кућица за лутке
ቤት ባምቡላ
поклон
ህያብ

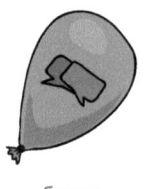

балон

ባላንችና

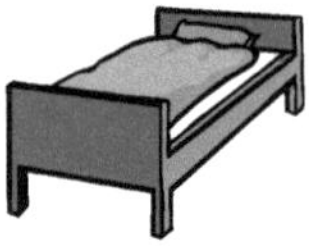

кревет

ዓራት

дјечија колица

ሰረገላ ህጻን

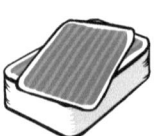

игра са картама

ጸወታ ካርታ

слагалица

ሕንቅሊተይ

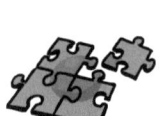

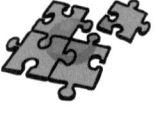

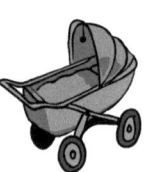

стрип

ኮሚዲ

лего коцкице

እምንታት መጻወቲ ለጎ

коцкице за слагање

መጻወቲ እምንታት

акциони јунак

በዓል አክቶን

бенкица за бебе

ክዳን ማማይ

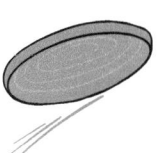

фризби

ፍሪስቢ

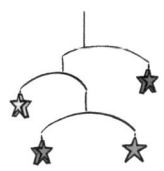

висеће играчке

ሞባይል ማማይ

друштвене игре

ጸወታ ሰሌዳ

коцка

ኩቦ

минијатурна жељезница

ሞደል ባቡር ምድሪ

дуда

ዓባስ

забава

ፓርቲ

сликовница

መጽሓፍ ስእሊ

лопта

ኩዕሶ

лутка

ባምቡላ

играти

ተጻወተ

пешчаник

መጻወቲ ሑጻ

љуљачка

ሰላል

играчка

መጻወቲታት

конзола за игре

ኮንሶላ ቪድዮ

трицикл

መጻወቲ ሰለስተ መንኮርኮር

теди

ተዲ

ормар

ከብሒ ክዳን

одећа

ክዳን

кратке чарапе

ካልስታት

чарапе

ነዊሕ ካልስታት

хулахопке

ስረ ካልሲ

шал
ሻርባ

кишобран
ጽላል

мајица
ማልያ

каиш
ቁልፊ

чизме
ሪፋዕ

папуче
ጫማ ገዛ

патике
ስኒከርስ

сандале
ሻበጥ

ципеле
ጫማ

гумене чизме
ሪፋዕ ጎማ

гаћице
ሙታንታ

грудњак
ክዳን ጡብ

поткошуља
ትሕተ ካሚቻ

одећа - ክዳን   45

боди

በዲ

панталоне

ስረ

фармерке

ጂንስ

сукња

ቀሚሽ

блуза

ከምቻ

кошуља

ካሚቻ

џемпер

ጉልፎ

џемпер с капуљачом

ጎልፎ

сако

ጃኬት

jaкна

ጃከት

мантил

ጀባ

кабаница

ከዳን ዝናብ

костим

ኮስቱም

хаљина

ቀሚሽ

венчаница

ቀሚሽ መርዓ

оде́ло

ልብሲ

спава́ћица

ካሚቻ ለይቲ

пиџа́ма

ክዳን ለይቲ

са́ри

ሳሪ

ма́рама за гла́ву

መሃረብ ርእሲ

турба́н

ቱርባን

бу́рка

ቡርካ

кафта́н

ካፍታን

аба́ја

አባያ

ку́паћи ко́стим

ክዳን መሕምበሲ

ку́паће га́ћице

ስረ መሕምበሲ

кра́тке панталоне

ሓጺር ስረ

оде́ћа за тре́нинг

ክዳን ታዕሊም

ке́цеља

በጃ ክዳን

рука́вице

ጓንቲ

одећа - ክዳን

47

дугме

መልጎም

наочаре

መነጽር

наруквица

በንናጅር

огрлица

ማዕተብ

прстен

ቀለበት

наушница

ኩትሻ

капа

ቆብዖ

вешалица

መንበዖ ጁባ

шешир

ባርኔጣ

кравата

ካራባት

патент затварач

ሻርኔጣ

кацига

ሀልመት

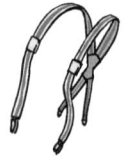

нараменице

መድልደል ስረ

школска униформа

ድቢዛ ቤትትምህርቲ

униформа

ድቢዛ

подбрадак

ሰደርያ ቆልዓ

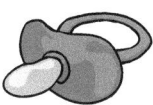

дуда

ዓባስ

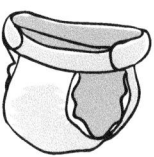

пелена

ጨርቂ ማግይ

канцеларија

ቤት ጽሕፈት

сервер
ሰርቨር

ормар за списе
ከብሒ ሰነድ

штампач
ፐሪንተር

папир
ወረቐት

монитор
ሞኒቶር

миш
ኣንጭዋ

писаћи стол
ጣውላ ምጽሓፍ

мапа
ሓጺሬ

тастатура
ኪቦርድ

кошара за папир
ጎሓፍ ወረቐት

компјутер
ኮምፒተር

столица
መንበር

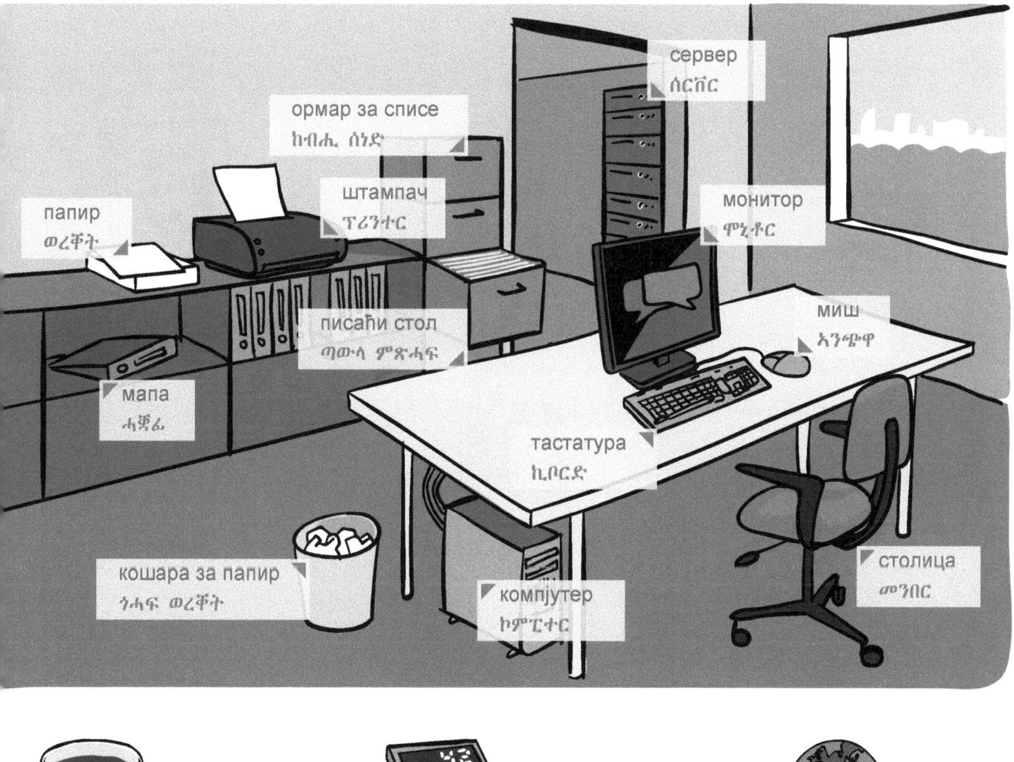

шалица за каву

ብርጭቆ ቡን

калкулатор

ካልኩለተር

интернет

ኢንተርነት

лаптоп

ለፕቶፕ

писмо

ደብዳበ

порука

መልእኽቲ

мобилни телефон

ሞባይል

мрежа

ነትወርክ/መርበብ

уређај за копирање

መቅድሒ ፎቶኮፒ

софтвер

ሶፍትዌር

телефон

ተለፎን

утичница

ሶከት ኳረንቲ

факс

ፋክስ

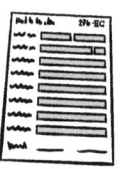

формулар

ፎርም

документ

ሰነድ

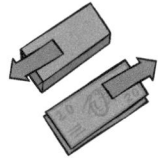

куповати

ገዚአ

платити

ከፈለ

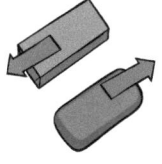

трговати

ነግዷ

новац

ገንዘብ

долар

ዶላር

евро

አዩሮ

јен

የን

рубља

ሩብል

швајцарски франак

ስዊዝ ፍራንከን

ренминдби јуан

ረንሚንቢ ዩዋን

рупија

ሩፒየ

аутомат за новац

መውጽኢ ማሽን ገንዘብ

мењачница

በታ ቅያር ገንዘብ

злато

ወርቂ

сребро

ብሩር

нафта

ዘይቲ

енергија

ሓይሊ

цена

ዋጋ

уговор

ውዕል

порез

ቀረጽ

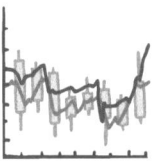

деонице

እኩብ ጥረ-ነገራት

радити

ሰርሐ

службеник

ሰራሕተኛ

послодавац

አስራሒ

фабрика

ትካል

продавница

ዱኳን

полицајац
በዓል ፖሊስ

ватрогасац
መጠፊኢ ሓዊ

кувар
ከሸኒ

лекар
ሓኪም

пилот
መራሒ ነፋሪት

вртлар

ሰራሕተኛ ጀርዲን

столар

ጸራቢ ዕንጸይቲ

кројачица

ሰፋይት

судија

ፈራዳይ

хемичар

ቀማሚ

глумац

ተዋሳኢ

возач аутобуса

መራሒ አዉቶቡስ

возач таксија

አዉቲስታ ታክሲ

рибар

ገፋፊ ዓሳ

чистачица

ጸራጊት

кровопокривач

ሃናጸይ ናሕሲ

конобар

አሰላሪ

ловац

ሃዳናይ

сликар

ሰአላይ

пекар

እንዳ ሕብስቲ

електричар

ኤለትሪከኛ

грађевински радник

ሃናጺ አባይቲ

инжењер

ሃንዱሲ

месар

ሰራሕተኛ እንዳ ስጋ

лимар

ድራብሊኮ

поштар

አማላሳሲ ፖስጣ

војник

ወታደር

архитекта

መሃንድስ

благајник

ተሐዝ ገንዘብ

цвећар

ሰራሕተኛ ዕምባባ

фризер

ቀም ቃማይ

кондуктер

ፈተሪኖ

механичар

መካኒክ

капетан

መራሒ መርከብ

зубар

ሓኪም ስኒ

научник

ተመራማሪ

раби

ራቢ

имам

ኢማም

монах

ፈላሲ

свећеник

ቀሺ

алати

ናውቲ

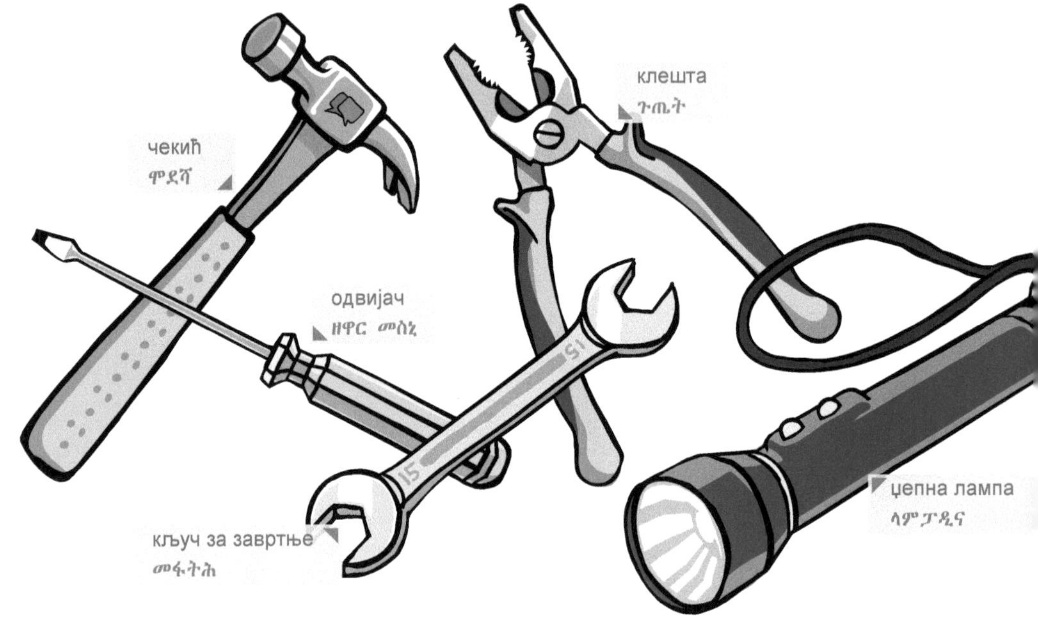

чекић
ሞደሻ
клешта
ጉጤት
одвијач
ዘዋር መስኒ
кључ за завртње
መፍትሕ
џепна лампа
ላምፓዲና

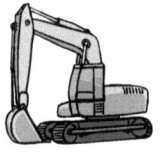

багер

ፈሓሪ

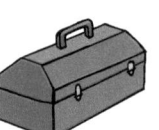

кутија за алат

ናውቲ ቦክስ

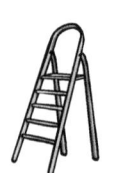

мердевине

መደያይቦ

пила

መጋዝ

ексер

መስማር

бушилица

ኵዓቲ

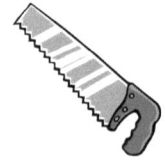

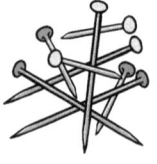

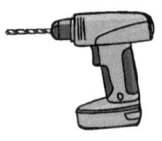

поправити

ምዕራይ

лопата

ባደላ

до ђавола!

ኣይ!

лопатица

መትሓዚ ዶሮና

лонац за боју

ድስቲ ቀለም

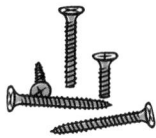

завртањи

ካቻቢተ

музички инструмент
መሳርሒ ሙዚቃ

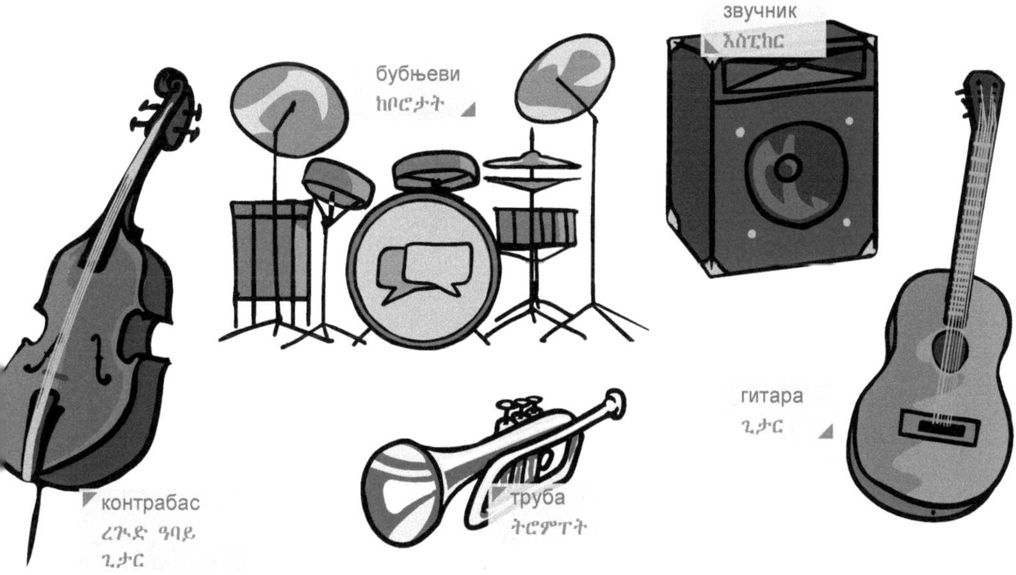

звучник
እስፒከር

бубњеви
ከበሮታት ◄

контрабас
ረጕድ ዓባይ
ጊታር

труба
ትሮምፐት

гитара
ጊታር ◄

клавир

ፒያኖ

виолина

ቫዮሊን

бас

ባስ ጊታር

тимпани

ቲምፓኒ

удараљке за бубњеве

ከበሮ

типке клавира

ኦርጋን

саксофон

ሳክሶፎን

флаута

ሻምብቆ

микрофон

ሚክሮፎን

музички инструмент - መሳርሒ ሙዚቃ

тигар
ነብረ

улаз
ምእተዊ

кавез
ጎብያ

зебра
አድጊ በረኻ

храна за животиње
መግቢ እንስሳ

панда
ፓንዳ

животиње
እንስሳታት

слон
ሓርማዝ

кенгур
ካንጋሩ

носорог
ሓሪሽ

горила
ጉሪላ

медвед
ድቢ

камила

ገመል

ноj

ሰገን

лав

አንበሳ

маjмун

ህበይ

фламинго

ፍላሚንጎ

папагаj

ሕንጻይ

поларни медвед

ድቢ. በረድ

пингвин

ፐንጉን

аjкула

ከልቢ. ዓሳ

паун

ጣውስ

змиjа

ተመን

крокодил

ሓርጌጽ

чувар у зоолошком врту

ሓላዊ ቤት ገርድሽ

туљан

ዓሳ ዚምገብ እንስሳ ባሕሪ

jагуар

ጃጓር

пони

ሓጺር ፈረስ

леопард

ነብሪ

нилски коњ

ጉማሪ

жирафа

ጂራፍ

орао

ንስሪ

дивља свиња

መፍለስ

риба

ዓሳ

корњача

ጐብየ

морж

ዋልሩስ

лисица

ወኸርያ

газела

ሰስሓ

амерички ногомет
ናይ ኣሜሪካ ኩዕሶ እግሪ

бициклизам
ምዝዋር ብሽግለታ

тенис
ተኒስ

кошарка
ባስከትባል

пливање
ም'ሕምባስ

бокс
ቦክሲንግ

хокеj на леду
ሆኪ በረድ

фудбал
ኩዕሶ እግሪ

бадминтон
ባድሚንተን

атлетика
እስፖርታዊ ንጥፈታት

рукомет
ኩዕሶ ኢድ

скијање
ስኪ

поло
ፖሎ

скочити
ነጠረ

смејати се
ስሓቐ

загрлити
ሓቖፈ

певати
ደረፈ

ицhи
ከደ

молити се
ጸለየ

пољубити
ሰዓመ

сањати
ሓለመ

писати
ጸሓፈ

цртати
ሰኣለ

показати
ኣርኣየ

гурати
ደፍአ

дати
ሃበ

узети
ወሰደ

имати

አለወ

чинити

ገበረ

бити

ኮነ

стојати

ጠጠው በለ

трчати

ጎየየ

повлачити

ሰሓበ

бацити

ሰንደወ

падати

ወደቐ

лежати

ሓሰወ

чекати

ተጸበየ

носити

ሰከም

седити

ኮፍ በለ

облачити

ተኸድነ

спавати

ደቀሰ

пробудити се

ተስአ

активности - ንጥፈታት

гледати

ሬአየ

плакати

በኸየ

миловати

ብኣጽብዑ ደረዘ

чешљати

መሽጠ

говорити

ተዛረበ

разумети

ተረድአ

питати

ሓተተ

слушати

ሰምዐ

пити

ሰተየ

jести

በልዐ

поспремити

ኣጽመጠ

волети

ኣፍቀረ

кухати

ከሽነ

возити

ዘወረ

летети

ነፈረ

пловити

ብመርከብ ገየሽ

рачунати

ደመረ

читати

ኣንበበ

учити

ተመሃረ

радити

ሰርሐ

венчати се

መርዓወ

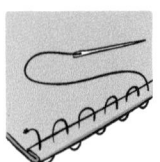

шити

ሰፈየ

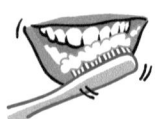

прати зубе

ጽሬት ኣስናን

убити

ቀተለ

пушити

ሽጋራ ተከኸ

послати

ሰደደ

породица

ስድራቤት

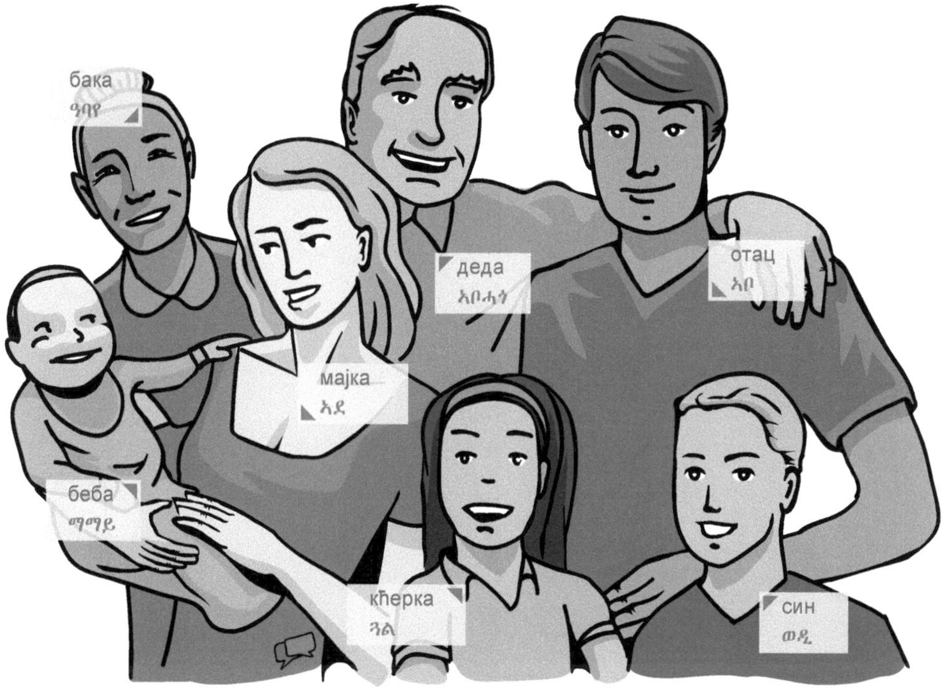
бака
ዓባየ
деда
ኣቦሓጎ
отац
ኣቦ
мајка
ኣደ
беба
ማማይ
кћерка
ጓል
син
ወዲ

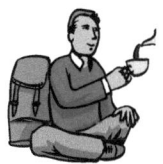

гост

ጋሻ

тетка

ሓትኖ

ујак, стриц

ኣኮ

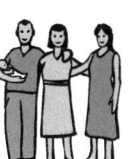

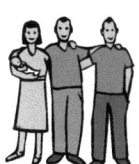

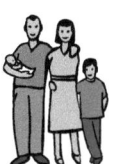

брат

ሓው

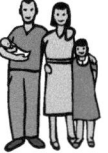

сестра

ሓፍቲ

тело

ኣካላት

чело
ግንባር
око
ዓይኒ
лице
ገጽ
брада
መንከስ
прст
ኣጻብዕ
рука
ኢድ
груди
ኣፍ-ልቢ
рука
ምናት
раме
መንኩብ
нога
ሽፋን እግሪ

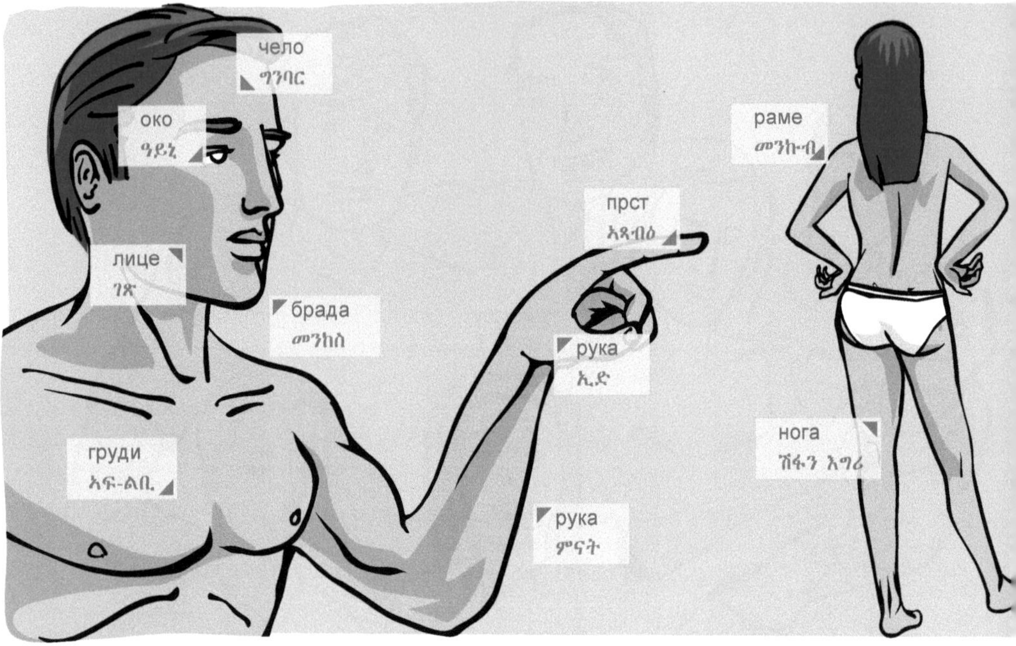

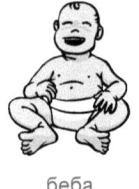

беба

ማማይ

мушкарац

ሰብኣይ

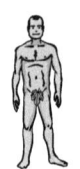

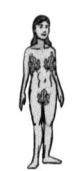

жена

ሰበይቲ

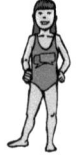

девојчица

ጓል

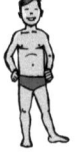

дечак

ወዲ

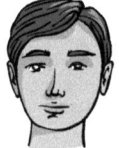

глава

ርእሲ

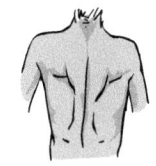

леђа

ሕቖ

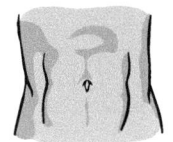

стомак

ከስዐ

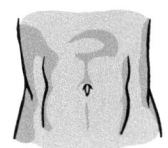

пупак

ሕምብርቲ

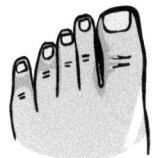

ножни прст

ኣጻብዕ እግሪ

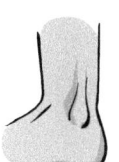

пета

ኩርኹረ

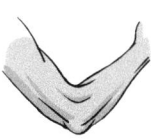

кост

ዓጽሚ

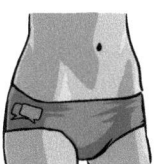

кукови

ም-ሕኮልቲ

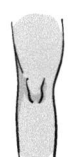

колено

ብርኪ

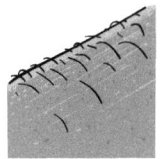

лакат

ፍግፍ-ጐ

нос

ኣፍንጫ

задњица

መዓኮር

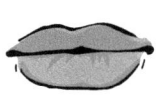

кожа

ቆርበት

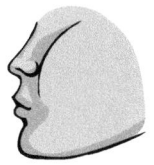

образ

ምዕጉርቲ

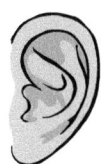

уво

እዝኒ

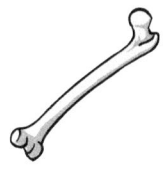

усна

ከንፈር

уста

ኣፍ

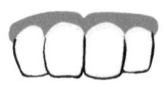

зуб

ስኒ

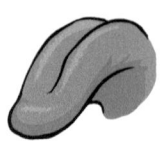

језик

መልሓስ

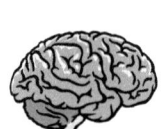

мозак

ሓንጎል

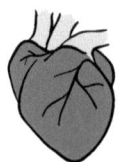

срце

ልቢ

мишић

ጭዋዳ

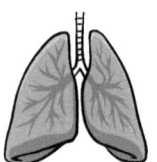

плућа

ሳንቡእ

јетра

ጸላም ከብዲ

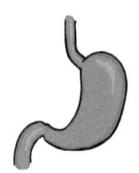

желудац

ከብዲ

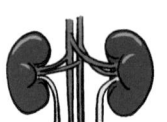

бубрези

ኮሊት

полни однос

ግብረ ስጋ

кондом

ኮንዶም

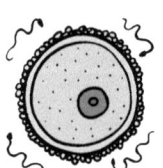

јајна ћелија

እንቋቍሖ

сперма

ዘርኢ ተባዕታይ

трудноћа

ጥንሲ

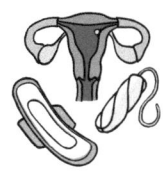

менструација

ጽግያት

вагина

ር.ሕሚ

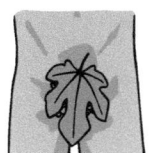

пенис

መትሎ

обрва

ሽፉሽፉቲ

коса

ጸጉሪ

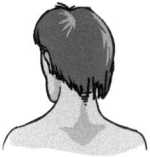

врат

ክሳድ

болница

ሆስፒታል

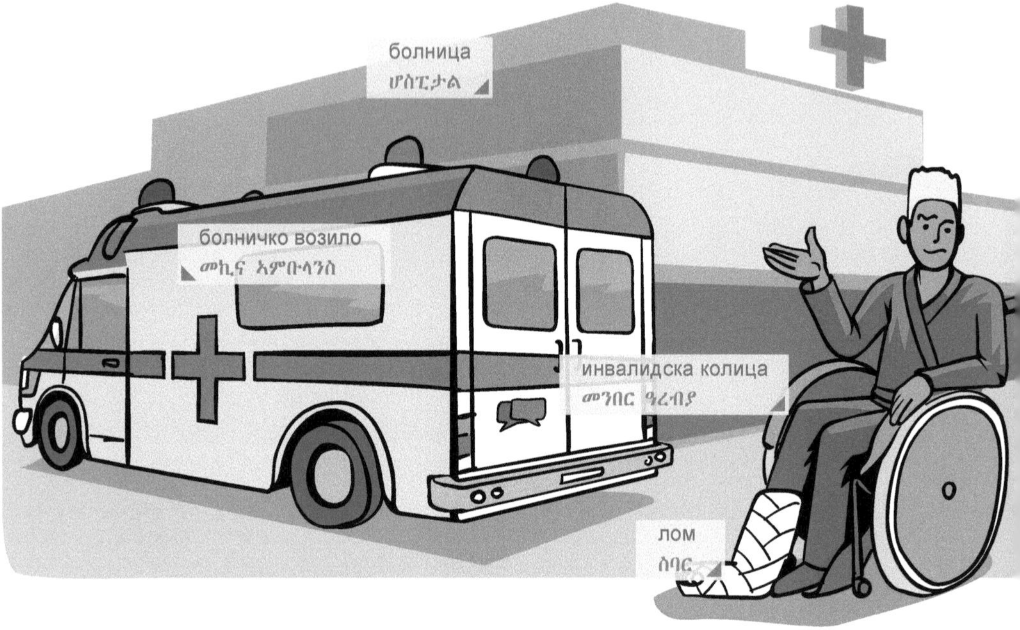

болница
ሆስፒታል
болничко возило
መኪና ኣምቡላንስ
инвалидска колица
መንበር ዓረብያ
лом
ስባር

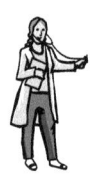

лекар

ሓኪም

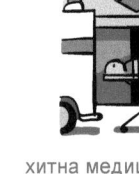

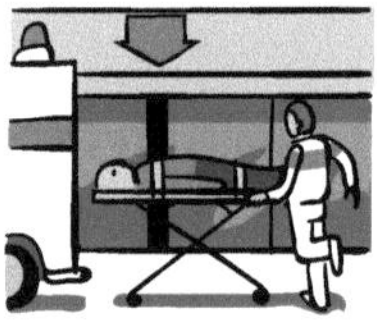

хитна медицинска служба

ክፍሊ ህጹጽ ረድኤት

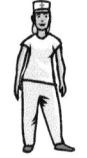

медицинска сестра

ኣላይት

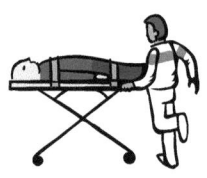

хитни случај

ህጹጽ ኩነት

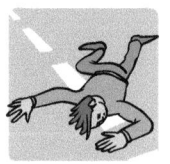

несвест

ውነኡ ዘጥፍአ

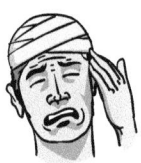

бол

ቃንዛ

повреда

ጉድኣት

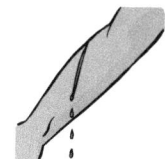

крварење

ደም

срчани удар

ማህረምቲ

удар

ማህረምቲ

алергија

ኣለርጂ

кашаљ

ሰዓል

грозница

ረስኒ

грипа

ኡንፍልወንዛ

пролив

ውጽኣት

главобоља

ቃንዛ ርእሲ

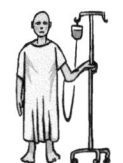

рак

መንሽሮ

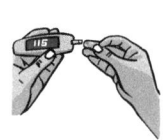

дијабетес

ሹኮርያ

хирург

ሓኪም መጥባሕቲ

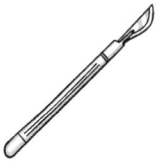

скалпел

መጥብሒ

операција

መጥባሕቲ

цт

CT

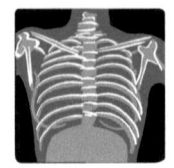

рентген

ራጄ

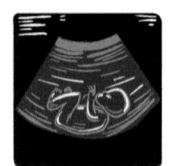

ултразвук

ልዕለ ድምጸዊ

маска

መሸፈኒ ገጽ

болест

ሕማም

чекаона

ክፍሊ ምጽባይ

штака

ምርኩስ

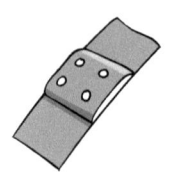

фластер

መጃነኒ ቑስሊ

завоj

መጃነኒ

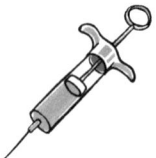

инjекциjа

መርፍዕ ምውጋእ

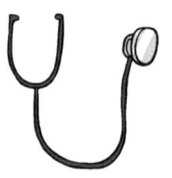

стетоскоп

ስተቶስኮፕ

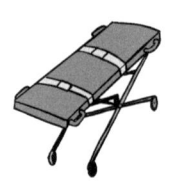

носила

መሰከሚ ሕማም

термометар

ቴርሞመተር

рођење

ትውልዲ

прекомерна тежина

ልዕለ-ሚዛን

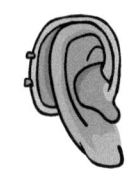

слушни апарат

ሓገዝ ምስማዕ

средство за дезинфекцију

ኣንጸሂ

инфекција

ልበዳ

вирус

ቫይረስ

хив / аидс

ኤድስ

медицина

ሕክምና

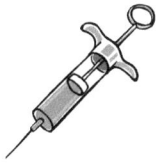

вакцинација

ክታብ

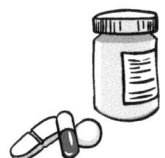

таблете

ከኒና

пилула

ከኒና

хитни позив

ህጹጽ ምድዋል

уређај за мерење
притиска

መዕቀኒ ጸቕጢ ደም

болесно / здраво

ሕሙም / ጥዑይ

помоħ!

ሓገዝ

аларм

ኣላርም

насртај

ምህጃም

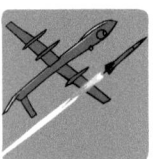

напад

መጥቃዕቲ

опасност

ድንገት

излаз у случају нужде

ህጹጽ መውጽኢ.

пожар!

ሓዊ!

противпожарни апарат

መጥፍኢ ሓዊ

незгоца

ሓደጋ

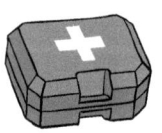

кутија прве помоħи

ሳንጣ ቀዳማይ ረድኤት

сос

SOS

полиција

ፖሊስ

Европа

ኤውሮጳ

Северна Америка

ሰሜን አመሪካ

Јужна Америка

ደቡብ አመሪካ

Африка

አፍሪቃ

Азија

ኤስያ

Аустралија

አውስትራልያ

Атлантик

አትላንቲክ

Пацифик

ፓሲፊክ

Индијски океан

ህንዳዊ ዉቅያኖስ

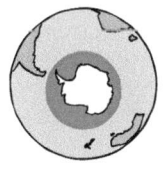

Антарктички океан

አንታርቲካዊ ዉቅያኖስ

Арктички океан

አርክቲካዊ ዉቅያኖስ

Северни рол

ሰሜናዊ ዋልታ

Јужни рол

ደቡባዊ ዋልታ

Антарктик

አንታርቲካ

земља

ምድሪ

земља

መሬት

море

ባሕሪ

оток

ደሴት

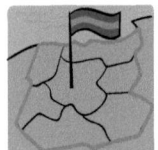

нација

ሃገር

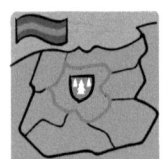

држава

ዓዲ

бројчаник сата

ገጽ ሰዓት

сатна казаљка

አመልካቲ ሰዓታት

минутна казаљка

አመልካቲ ደቓይቕ

секундна казаљка

አመልካቲ ካልኢት

Колико је сати?

ሰዓት ክንደይ አሎ?

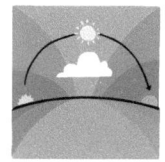

дан

መዓልቲ

време

ግዜ

сада

ሕጂ

дигитални сат

ዲጂታል ሰዓት

минута

ደቒቕ

час

ሰዓት

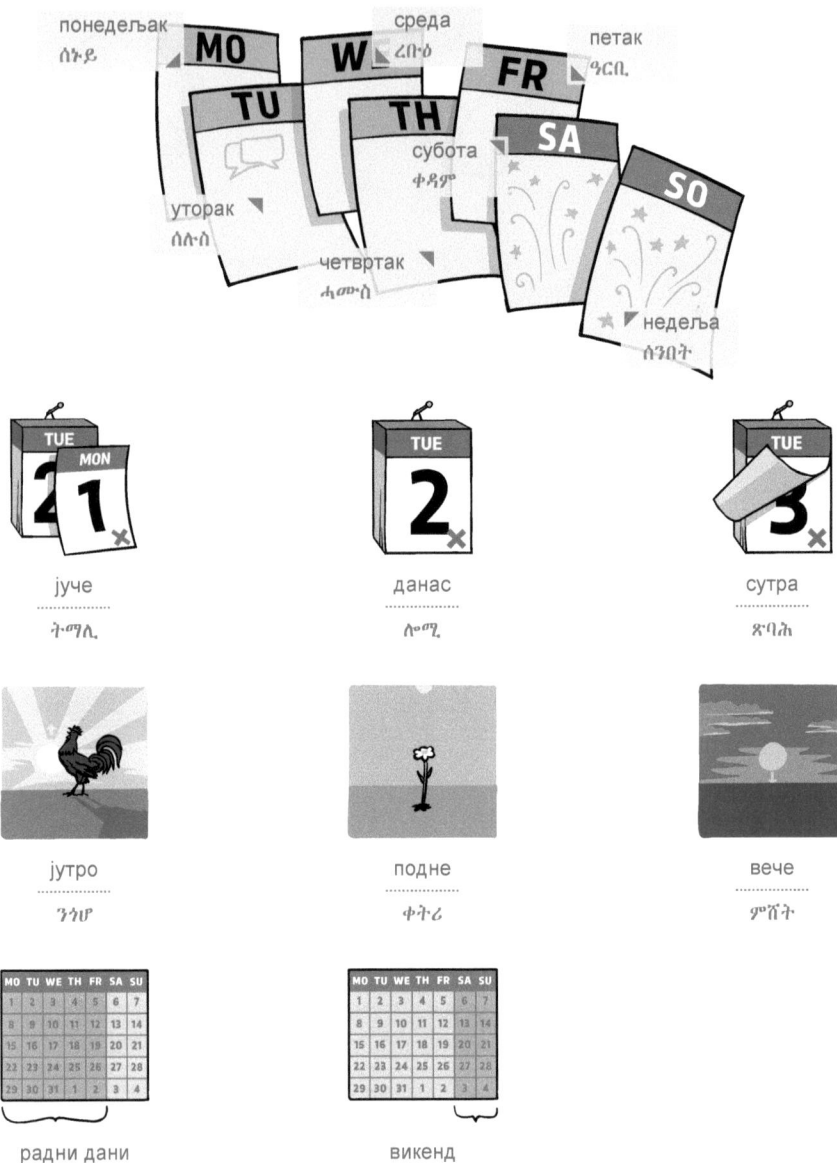

понедељак
ሰኑይ

среда
ረቡዕ

петак
ዓርቢ

уторак
ሰሉስ

четвртак
ሓሙስ

субота
ቀዳም

недеља
ሰንበት

јуче
ትማሊ

данас
ሎሚ

сутра
ጽባሕ

јутро
ንጉሆ

подне
ቀትሪ

вече
ምሸት

радни дани
መዓልታት ስራሕ

викенд
መወዳእታ ሰሙን

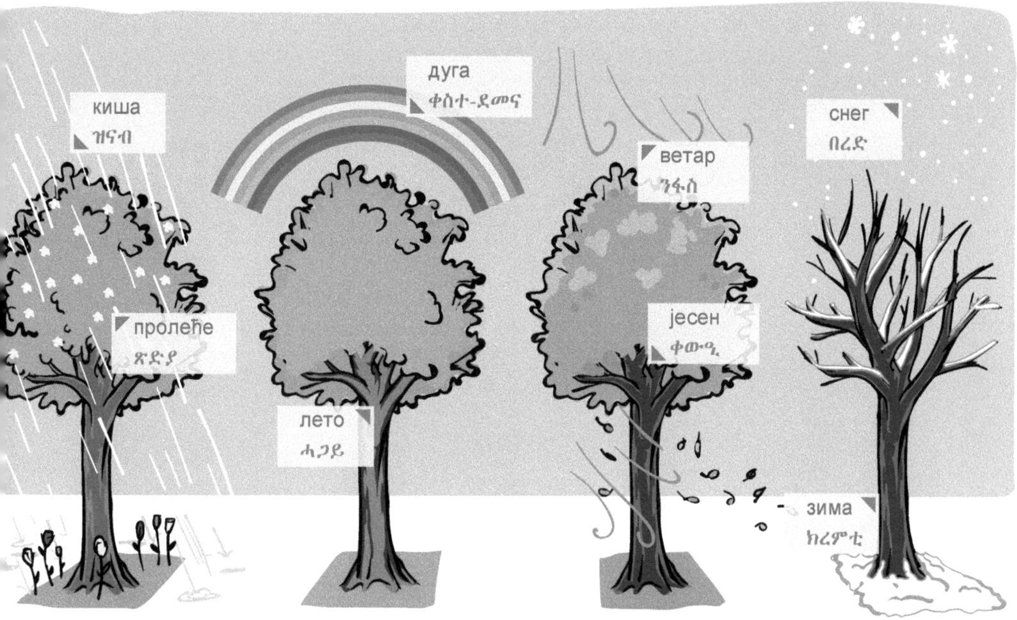

киша
ዝናብ

дуга
ቀስተ-ደመና

ветар
ንፋስ

снег
በረድ

пролеће
ጽድያ

лето
ሓጋይ

јесен
ቀውዒ

зима
ክረምቲ

метеоролошка прогноза

ትንቢት ኩነታት ኣየር

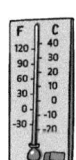

термометар

ቴርሞመተር

сунчана светлост

ብርሃን ጸሓይ

облак

ደበና

магла

ግመ

влажност ваздуха

ጠሊ

муња

ብርቂ

грмљавина

ነጉዳ

олуја

ህቦብላ

туча

በረድ

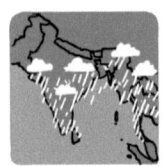

монсун

ብርቶዕ ህቦብላ

поплава

ውሕጅ

лед

በረድ

јануар

ጥሪ

фебруар

ለካቲት

март

መጋቢት

април

ሚያዝያ

мај

ጉንበት

јуни

ሰነ

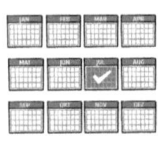

јули

ሓምለ

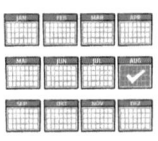

август

ነሓሰ

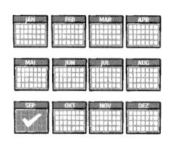

септембар
....
መስከረም

октобар
....
ጥቅምቲ

новембар
....
ሕዳር

децембар
....
ታሕሳስ

облици
ቅርጻታት

круг
....
ዙርያ

квадрат
....
ትርብዒት

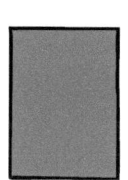

правоугао
....
ቅኑዕ ርቡዕ ኵርናዕ

троугао
....
ስሉስ ኵርናዕ

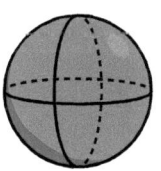

кугла
....
ክቢ

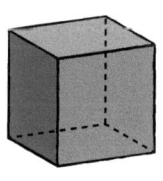

коцка
....
ኩቦ

бела

ጻዕዳ

жута

ብጫ

наранџаста

ኣራንሺ

ружичаста

ፒንክ

црвена

ቀይሕ

љубичаста

ጆኸ

плава

ሰማያዊ

зелена

ቀጠልያ

смеђа

ቡናዊ

сива

ሓሙኽሽታይ

црна

ጸሊም

много / мало

ብዙሕ / ውሑድ

љутито / мирно

ሕሩቕ / ሰላማዊ

лепо / ружно

ጽቡቕ / ክፉእ

почетак / крај

መጀመርያ / መወዳእታ

велико / малено

ዓቢ / ንእሽቶ

светло / тамно

ብሩህ / ጸልማት

брат / сестра

ሓው / ሓፍት

чисто / прљаво

ጽሩይ / ርሳሕ

потпуно / непотпуно

ምሉእ / ዘይምሉእ

дан / ноћ

መዓልቲ / ለይቲ

мртво / живо

ሙዉት / ህልው

широко / уско

ሰፊሕ / ጸቢብ

јестиво / нејестиво

ደስ ዘበል / ደስ ዘይብል

зло / добро

እኩይ / ህያዋይ

узбуђено / досадно

ርቡጽ / ስልኩይ

дебело / мршаво

ረጊድ / ቀጢን

на почетку / на крају

ቀዳማይ / ናይ መወዳእታ

пријатељ / непријатељ

ዓርኪ / ጸላኢ

пуно / празно

ምሉእ / ባዶ

тврдо / мекано

ተሪር / ልስሉስ

тешко / лагано

ከቢድ / ፈኩስ

глад / жеђ

ጥምየት / ጽምየት

болесно / здраво

ሕሙም / ጥዑይ

илегално / легално

ዘይሕጋዊ / ሕጋዊ

паметно / глупо

መስተውዓሊ / ስዲ

лево / десно

ጸጋም / የማን

близу / далеко

ቐረባ / ርሑቕ

ново / половно

ሓዲሽ / ብሉይ

ништа / нешто

ዋላ ሓደ / ገለ

старо / младо

ዓቢ/ኣረጊት / መንእሰይ

укључено / искључено

ወልዕ / ኣጥፍእ

отворено / затворено

ክፉት / ዕጹው

тихо / гласно

ህዱእ / ዓው

богато / сиромашно

ሃብታም / ድኻ

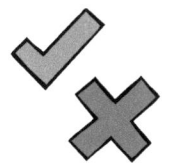

тачно / погрешно

ቅኑዕ / ግጉይ

храпаво / глатко

ሓርፋፍ / ልሙጽ

тужно / сретно

ጉሁይ / ሕጉስ

кратко / дуго

ሓጺር / ነዊሕ

полако / брзо

ቀስ / ቅልጡፍ

мокро / сухо

ጥሉል / ንቑጽ

топло / хладно

ምዉቕ / ዝሑል

рат / мир

ውግእ / ሰላም

0	**1**	**2**
нула	један	два
ዜሮ	ሓደ	ክልተ

3	**4**	**5**
три	четири	пет
ሰለስተ	ኣርባዕተ	ሓሙሽተ

6	**7**	**8**
шест	седам	осам
ሽዱሽተ	ሸውዓተ	ሸሞንተ

9	**10**	**11**
девет	десет	једанаест
ትሽዓተ	ዓሰርተ	ዓሰርተ ሓደ

12

дванаест

ዓሰርተ ክልተ

13

тринаест

ዓሰርተ ሰለስተ

14

четрнаест

ዓሰርተ ኣርባዕተ

15

петнаест

ዓሰርተ ሓሙሽተ

16

шестнаест

ዓሰርተ ሽዱሽተ

17

седамнаест

ዓሰርተ ሽውዓተ

18

осамнаест

ዓሰርተ ሽሞንተ

19

деветнаест

ዓሰርተ ትሽዓተ

20

двадесет

ዕስራ

100

стотину

ሚእቲ

1.000

хиљаду

ሽሕ

1.000.000

милион

ሚልዮን

енглески

እንግሊዝኛ

амерички енглески

አመሪካዊ እንግሊዛዊ

мандарински кинески

ቻይናዊ ማንዳሪን

хиндски

ሂንዳዊ

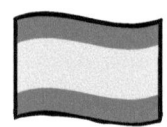

шпански

እስጳኛዊ

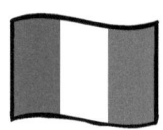

француски

ፈረንሳዊ

арапски

ዓረባዊ

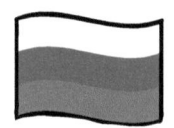

руски

ሩሲያዊ

португалски

ፖርቱጋላዊ

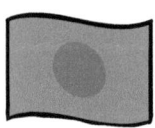

бенгалски

በንጋሊ

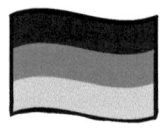

немачки

ጀርመናዊ

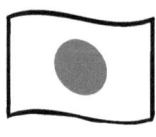

jапански

ጃፓናዊ

ja

አነ

ти

ንስኻ/ኺ

он / она / оно

ንሱ / ንሳ / ንሱ

ми

ንሕና

ви

ንስኻ

они

ንሳቶም

Ко?

መን?

Шта?

እንታይ?

Како?

ከመይ?

Где?

አበይ?

Када?

መዓስ?

име

ሽም

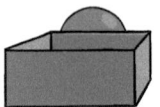

иза

ድሕሪ

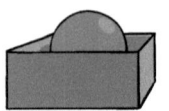

у

ኣብ

испред

ኣብ ቅድሚ

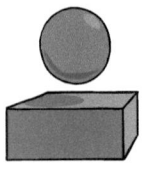

преко

ኣብ ላዕሊ

на

ኣብ ልዕሊ

испод

ትሕቲ ምድሪ

поред

ኣብ ጥቓ

између

ኣብ መንጎ

место

ቦታ